문예신서
3103

# 《시민 케인》
## 비평 연구

## 장 루아

이용주 옮김

東 文 選

《시민 케인》 비평 연구

Jean Roy
## Orson Welles 《Citizen Kane》

© Éditions Nathan, 1989

This edition was published by arrangement
with Éditions Nathan, Paris
through Sibylle Books Literary Agency, Seoul

"나는 비평가라면 예술가의 전기적인 사실보다
예술가의 작품에 대해 더욱 관심을 두어야 한다고
생각한다. 이것이 예술가보다 더 많이 아는 듯하면
서도 더 많이 알지 못하는 비평가의 기능이다."

오슨 웰스,
〈앙드레 바쟁, 샤를 비취, 장 도마르쉬와의 대담〉,
《카이에 뒤 시네마》(1958년 9월호)

# 차 례

# 머리말

   앙드레 바쟁의 책 영역본에 붙인 프랑수아 트뤼포의 서문에 이런 구절이 있다. "(…)《시민 케인》을 촬영하기 직전 오슨 웰스의 입장은 역설적이고 평소와 달랐다. 당시 약관의 나이 25세에 불과했던 오슨 웰스는 유명해져 인정받을 만하다고 하기보다는 이미 엄청난 명성을 얻어 정반대의 위치에 올라 있었다. (…) 1939년 오슨 웰스는 한 편의 좋은 영화일 뿐만 아니라 길이 남을 유일한 영화, 다시 말해 기존에 제작된 모든 영화와 정반대의 입장을 취하면서도 영화 40년을 개괄할 수 있는 영화, 결산인 동시에 계획이며 기존의 영화에 대한 선전 포고인 동시에 매체에 대한 사랑 선언일 수 있는 영화의 필요성을 느꼈음에 틀림없다."

   그런 도전에서 가장 놀라운 것은 맞물려 있지만 파악되었던 만큼 그의 이름 오슨 웰스를 구성하고 있는 11개의 철자가 영화 제목《시민 케인》의 11개의 철자와 너무 정확하게 일치하고, 알파벳의 열한 번째 철자 'K'로 축약된다는 것과 처음으로 영화에서 한 인간의 천재성과 작품의 특성이 유사하게 일치를 보인다는 것은 아니다.《시민 케인》은 제목 이상으로 무한하다. 게다가 이렇게 유명해진 이 영화는 전문가들에 의한 여론 조사 때마다 늘 최고의 작품으로 어김없이 분류되었다.

   모든 부분을 충분히 파악하려면 전개될 페이지보다 더 많은 분량이 필요할 것이다. 여기서는 단순히 몇 개의 문을 열고, 퍼즐의 몇 조각을 맞추고, 오슨 웰스가 가장 은밀하면서도 젊은 시절에 잃을 것이 아무것도 없는 한 편의 영화를 만들겠다는 그런 의지가 표명되지 않았을 수도 있는 도박에서 어떻게 이기고 있는가를 보여 줄 수 있을 것이다.

# 오슨 웰스의 생애와 영화

오슨 웰스의 생애는 《시민 케인》의 주인공을 본떠서 인간들의 공통된 생애에 가까운 두 가지 에피소드, 즉 태어남과 죽음만 평가할 뿐이다. 그는 1915년 5월 6일 시카고에서 북쪽으로 1백 킬로미터쯤 떨어진 곳에 위치한 항구 도시(미시간 호수)이자 위스콘신의 산업 도시인 케노샤의 공원 가 463번지에서 태어나 1985년 10월 10일 죽음을 맞았다. 오슨 웰스는 케인과 마찬가지로 로스앤젤레스의 엘 페블로 델 리오 드 네스트라 세뇰 라 레나에 있는 그의 소유의 저택에서 죽었다.

다른 영화인들의 경우, 이력을 다룰 때 작품의 완성과 성숙함을 상세하게 보여 주기 위해 젊은 시절의 몇 년 동안을 제외하게 된다. 신동으로 꼽히던 오슨 웰스의 경우, 영화사에서 거의 유례를 찾기 어려운 25세에 어떻게 첫 장편 영화로 영화 예술에 유일하다고 할 정도로 상당한 기여를 할 수 있게 되었는지 알고 싶다면 사고방식을 바꿔 보는 것이 바람직하다.

오슨 웰스가 태어났을 때 아버지 리처드 헤드 웰스는 64세였다. 아버지는 주인공 케인의 부모님처럼 호텔 경영자이자 기업가이며 《위대한 앰버슨가》의 유진 모건처럼 발명가였다. 몽상가이면서 종종 기발한 생각의 소유자이기도 했던 아버지는 자신이 발명한 자전거와 오토바이용 탄소 전조등을 판매하여 많은 돈을 벌기도 했지만, 증기 기관이 지상에 설치되어 전선으로 기구에 연결되어 있기 때문에 날기로 마음먹으면 경비행기도 능히 '조종'(피터 어스티노프가 1989년 2월 1일 예술아카데미의 웰스의 자리에 앉게 되었을 때 환기시켰던 말)할 만한 인물이었다. 어머니 베아트리스 이브 웰스는 유명한 피아니스트였다. 가문에서는 모계에서 그런 반향을 찾을 수 있다. 뚜껑이 열려 있고 악보가 펼쳐져 있는 피아노가 영화에서도 분명하게 나타난다. 피아노가 단순히 배경의 구성 요소처럼 보이지만, 뒤에서 케인과 알렉산더 수잔의 관계를 이해하려면 이를 주목할 필요가 있다. 게다가 다 알다시피 어머니의 유산을 상속받도록 되어 있었던 웰스는 그녀의 죽음을 공식화하기를 포기한다.

18개월 때 오슨 웰스는 정형외과 의사 모리스 번스타인의 눈에 띈다. 번스타인은 천재적인 어린아이를 보면서 탄성을 발하고 그에게 상당히 인상이 강한 여러 가지 선물, 즉 마술놀이 장난감 세트, 인형극, 연극용 분장 세트, 오케스트라 지휘자의 지휘봉을 주었다. 《시민 케인》의 주요 인물 중에는 번스타인이라고 불리는 사람이 있다.

나중에 웰스는 집안끼리 친분이 있는 시카고의 예술비평가 애슈턴 스티븐스의 영향도 받는다. 그로부터 《시민 케인》에서 저드디아 르랜드란 인물을 착상하게 된다. 비평가인 르랜드가 케인과의 불화 이후 시카고로 떠나기로 설정된 것도 역시 스티븐스를 염두에 둔 것이다.

주요 인물들만 예로 들었지만 《시민 케인》이 어떤 점에서 웰스의 생애와 밀접하게 구상되었는지 분석하고 싶다면 인물 구성을 살펴보는 것만으로도 족하다. 그렇다고 해서 영화에서 일종의 숨겨진 자서전을 보려는 것은 잘못일 게다. 한편, 웰스는 판도를 어렵게 만드는 것을 즐긴다. 영화에서 볼 수 있는 바와 같이 웰스의 후견인이 되는 것은 대처가 아니라 모리스 번스타인이다. 케인의 출세 가도에 동반해서 그를 결코 잊지 않은 사람이 르랜드라면, 평생 웰스를 따라다닌 사람은 모리스 번스타인과 일명 '스키퍼'(애슈턴 스티븐스는 아님)라는 로저 E. 힐이라는 사람이다. 또 한편, 웰스는 조건 없이 《시민 케인》을 만드는 데 도움이 될 만한 것을 찾아낸다. 오슨 웰스에게는 열 살 터울인 형 리처드 이브가 있었다. 영화에서는 형에 대한 어떤 흔적도 찾을 수 없다. 웰스가 자란 지적이고 예술적이며 자유롭고 세련된 분위기는 케인의 어린 시절과 전혀 다르다. 가족과의 결별 이후 몇 년은 생략하기로 한다. 그때 생긴 일이라면 단순한 예술 창작이다. 웰스는 영화의 인물보다 더 젊었다.

오슨 웰스에 대해서는 그 뒷이야기가 유명하다. 그는 5세에 셰익스피어를 배웠고, 8세 때 아버지와 함께 세계 여러 곳을 돌아다녔다. 11세에 그는 《차라투스트라는 이렇게 말했다》를 분석했고, 중국을 여행했다. 웰스는 13세에 극단을 설립했고, 14세에 연극 《줄리어스 시저》의 연출로 시카고연극협회상을 수상했다. 《시민 케인》에서 다시 볼 수 있지만 이미 늙어 보이는 취향을 즐기던 그는, 16세 때 리온 포이히트방거의 《유대인 쥐스》에서 알렉산데르 폰 뷔르템베르크라는 노인 역할을 맡는다. 그는 1933년 미국으로 돌아와 셰익스피어 전집의 출간을 준비한다. 그러고 나서 그는 모로코를 거쳐 투우를 배우기 위해 스페인으로 간다. 그 다음해 미국에서 그는 캐서린 코넬 극단에 입단하고, 크리스마스 때 극단의 여배우 버지니아 니콜슨과 결혼한다. 둘 사이에 딸이 태어나자 크리스토퍼라고 이름짓게 되는데, 그 이유는 아들을 원했기 때문이다.

오슨 웰스는 20세에 푀닉스 극단의 공동 창립자인 그 유명한 존

휴즈먼과 친교를 맺게 되고, 당시 유명한 뉴스 시리즈 프로그램 〈마치 오브 타임〉(라디오에서 비롯된 것으로 1935년 16세 때 현장 보도로 이루어진다는 생각을 혁신시켜 영화 뉴스로 바꾼 프로그램. 《시민 케인》에서 '3월의 뉴스'로 환기된 시리즈)에서 정치인들의 성대모사로 라디오에 데뷔한다.

피닉스 극단은 1938년 페더랄 극단으로 넘어가게 되면서 머큐리 극단이 된다. 오슨 웰스는 10월 30일(미국에서 4월 1일 만우절과 같은 핼러윈 데이 전날) 라디오 방송실에서 이름이 같은 SF소설가 허버드 조지 웰스의 《세계 전쟁》을 각색하여 화성에서 온 침입자들이 뉴저지 주를 공격하고 있다고 믿게 만듦으로써 미국 전역을 공포의 도가니로 몰아넣는 데 성공한다.

1940년 오슨 웰스는 《시민 케인》을 촬영한다.

그때부터 그의 변화무쌍한 이력은 크게 두 분야로 나뉜다. 거기에 부차적으로 작가(그 예로 《큰 야채》《아카딘 씨》《내 말대로》의 작가)라는 것을 덧붙일 필요가 있다. 한편 집계상으로 맡은 역할이 1백여 개가 좀 못되지만 텔레비전, 광고, 단역까지 포함한다면 훨씬 더 많을 것이다. 또 한편 영화인으로서의 이력은 거의 규정짓기 어렵다.

영화 제작비(배우들의 출연료 포함)는 계획의 성공이 확실할 때에만 보통 실행에 옮겨진다. 오슨 웰스와 함께 모든 면에서 보기 드문 '완전한 작품'의 제작은 영화인보다 작가나 화가의 작품 제작을 훨씬 더 생각하게 만든다. 말하자면 크로키, 단평, 에세이, 미완성 상태나 수정된 것, 버려진 작품들이 많다. 1986년 그해에만 칸 국제영화제에서 1957년작 《돈키호테》의 필름 일부분이 공개되었고, 3개월 뒤 베니스의 모스트라에서 1942년작 《그건 모두 사실이야》

의 22분 가량의 필름과 당시 어떤 필모그래피에서도 볼 수 없었던
1959년작 화려한 《기나의 초상》(로테르담에서도 공개됨)이 공개되
었다.

　관례적으로 조사된 작품들로 한정해 보면 《시민 케인》 이후 오슨
웰스의 필모그래피는 다음과 같다.

　《위대한 앰버슨가》(1941-1942)
　《공포로의 여행》(1942-1943, 오슨 웰스가 감수한 노먼 포스터의
영화)
　《스트레인저》(1945-1946)
　《상하이에서 온 여인》(1946-1948)
　《맥베스》(1947-1948)
　《오셀로》(1949-1952)
　《아카딘 씨》(1954-1955)
　《악의 손길》(1957-1958)
　《젊음의 원천》(1958)
　《심판》(1962)
　《심야의 종소리》(1964-1966)
　《불후의 이야기》(1966-1968)
　《베니스의 상인》(1969)
　《진실과 거짓》(1973-1975)
　《오셀로》 영화 촬영(1978).

케인 역의 오슨 웰스

# 자 막

**시작 자막**

RKO 라디오 픽쳐

머큐리 프로덕션

오슨 웰스의 《시민 케인》

**끝 자막**

르랜드(조지프 코튼), 수잔(도로시 커밍고어), 케인의 어머니
(애그니스 무어헤드), 에밀리(루스 워릭), 게티스(레이 콜린스),
카터(에스킨 샌퍼드), 번스타인(에버렛 슬론), 톰슨(윌리엄
올랜드), 레이먼드(폴 스튜어트), 대처(조지 쿨루리스),
마티스테(포투니오 보나노바), 호텔 매니저(거스 쉴링),
롤스턴(필립 반 잔트), 앤더슨 양(조지아 백커스),
케인의 아버지(해리 샤논), 케인의 아들(소니 버프),
8세의 케인(버디 스완), 케인(오슨 웰스).


**음악:** 버나드 허먼

**특수효과:** 버논 L. 웰커

**예술감독:** 반 네스트 폴글레즈

**조감독:** 페리 퍼거슨

**편집:** 로버트 와이즈

**음향:** 베일리 페슬러, 제임스 G. 스튜어트

**의상:** 에드워드 스티븐슨

**시나리오:** 허먼 J. 맨케비츠, 오슨 웰스

**감독:** 오슨 웰스

**촬영:** 그레그 톨런드, ASC

# 자막에 대하여

현재까지도 《시민 케인》에 나타난 자막이 어떤 점에서 극단적으로 축소되어 있는지 아무도 지적한 적이 없는 것 같다. 10여 명의 조연들은 언급되지 않았다. 그 반면 마티스티 역을 마티스테로 오식한 것 외에도 영화에 부재하는 앤더슨이라는 아가씨의 이름을 발견할 수 없다. 버사 앤더슨이 대처 도서관의 소장품을 지키는 충실한 문지기라는 것을 알려면, 미스 앤더슨 역으로 자막에 오른 여배우가 조지아 백커스라는 것을 알아채거나 원작 시나리오를 읽을 필요가 있다. 마찬가지로 제작부장 리처드 베어, 그의 조수 윌리엄 올랜드와 리처드 윌슨, 조감독 에디 도나호에와 프레디 플릭, 촬영기사 버트 십먼, 분장 담당 멜 번스, 편집 조수 마크 롭슨 등 가장 중요한 위치에 있어야 할 제작진들이 자막에 빠져 있기도 하다. 마크 롭슨은 후일 감독이 되어 《챔피언》(1949)과 《추락은 계속된다》를 만들기도 했다.

앞자막에 약간의 간격을 두고 나타나는 오슨 웰스에 '의해(by)'라고 표기된 것은 서명 효과로 볼 수 있다. '의해(by)'라는 단어는 끝자막에 올라 있는 음악 담당과 시나리오 작가에게는 붙여지지 않았다. 촬영감독 그레그 톨런드의 이름을 자막의 마지막에 올린 것은 오슨 웰스의 감사의 표시일 수도 있다. 이것은 배우들의 이름 중에 케인 역의 오슨 웰스를 출연진의 마지막 위치에 올림으로써 겸손하면서도 재치를 부린 것과 같은 성격으로 볼 수 있다. 또한 이 것은 발레에서의 피루엣과 같은 고도의 기교나 최후의 애교로 볼 수도 있다.

더 은밀하게 케인의 아버지는 다른 등장인물 사이에 끼여 있는 이름에 불과하지만, 아들과 손자 옆에 소개되어 있는 것을 주목할 필요가 있다. 반면에 케인의 어머니는 가족과 떨어져 있지만 아들의 두 부인 수잔과 에밀리 사이에 소개되어 있어서 의미심장하고, 자리 선택의 권리가 있는 것처럼 비친다. 끝으로 르랜드는 예상대로 출연진 중 맨 앞에 올라 있는 반면, 은행가 대처는 케인의 삶에서 만큼 배우로서 영화에서 중요한 인물임에도 불구하고 레이먼드라는 모호한 인물보다 뒤로 밀려 주요 인물들의 마지막 대열에 올라 있다.

《시민 케인》이 약관의 나이 25세에 불과한 **오슨 웰스**라는 젊은 감독의 처녀작이라는 것은 누구나 다 아는 사실이다. 또한 이 영화는 최상의 전문가에 해당되는 몇몇 전문가들만의 지휘를 받으며 모험을 감행하게 된 스탭들 대부분의 데뷔작이기도 하다.

자막에 오른 이름들 중에서도 오슨 웰스와 시나리오 공동 작가인 **허먼 J. 맨케비츠**를 빼놓을 수 없다. 그는 《이브》와 《맨발의 공작부인》을 쓴 작가[1]의 형이기도 하다. 뉴욕의 비평가 폴린 카엘은 오슨 웰스가 1930년대 영화에서 자주 사용되었던 '트릭' 수법에 의존하는 미장센을 시나리오에 부가시키는 역할만 했기 때문에 《시민 케인》에서 독창적인 모든 면은 맨케비츠의 것임을 증명하게 되면서 유명해졌다. 카엘의 주장은 많은 주목을 받았지만 효력이 없었다.

---

1) 조지프 L. 맨케비츠(1909–1993). 〔역주〕

증언들과 맨케비츠 작품의 전체적인 연구로 몇 개의 장면(신)들이 확실히 그의 공적으로 돌려질 수 있다고 하더라도, 《시민 케인》이 전반적으로 감독의 세계에 속한다는 것을 알려면 한편으로 라디오 방송 작품과 영화화되지 못한 두 편의 시나리오와 《시민 케인》 사이에, 또 한편으로 《시민 케인》과 그 이후 오슨 웰스의 영화들 사이에 연속성을 살펴보는 것으로 충분하다.

그레그 톨런드(1904년생)는 데뷔 이후 촬영기사 버트 십먼, 조명 감독 W. J. 매클렐런, 무대감독 랠프 호제, 촬영 조감독 에드워드 게르빈 같은 이들과 팀을 이루어 작업했던 촬영감독으로 당시 인기 절정이었다. 그레그 톨런드는 순응주의자가 아니면서도 실험영화 감독으로 평가되는 영화인들과 작업하기를 좋아하기로 평판이 나 있는 촬영감독으로, 윌리엄 와일러의 《폭풍의 언덕》으로 영상예술 과학 아카데미로부터 오스카상을 수상했고, 존 포드의 《분노의 포도》와 《귀향》의 촬영을 담당하기도 했다. 그는 후자의 영화에서 이미 초점 심도를 사용하기도 했다.

예술감독 반 네스트 폴글레즈(1898년생) 역시 당시 인정받는 기술자였다. 특히 《사라진 정찰대》나 《밀고자》와 같은 분위기 영화로 존 포드와의 많은 공동 작업이나, 크롬웰·스티븐스·쿠커와의 공동작업으로 그는 할리우드에서 가장 주목받는 예술감독 중의 한 사람이 되었다. 《시민 케인》을 그의 걸작으로 만들겠다는 유혹도 거기서 연유한다. 사실 어떤 결정도 반 네스트 폴글레즈 없이는 이루어지지 않았지만, 그 이후 조감독 페리 퍼거슨(1901년생)의 공헌도 중요하게 여겨졌다. 페리 퍼거슨은 반 네스트 폴글레즈의 조수로서 RKO에 소속된 지 5년밖에 되지 않았었고, 그보다 유명한 사람도 아니었다. 그렇지만 아주 최근의 연구에 의하면, 페리 퍼거슨은 《시민 케인》의 무대 제작 작업의 핵심 역할을 했다는 것이 확실하게 증명되었고, 그후에 혹스·와일러·히치콕과의 협력자가 되었으며, 오슨 웰스의 《스트레인저》(1946)를 만드는 데 참여하기도 했다.

또한 고참 선배들 중에서 1930년대초부터 RKO의 특수 효과 팀장이었던 **버논 L. 웰커**(1894년생)를 예로 들 수 있다.

게다가 《시민 케인》은 신출내기들이 만든 영화로 회자되기도 한다. 그후 감독이 되어 《나는 살고 싶다》와 《웨스트 사이드 스토리》를 만든 로버트 와이즈(1914년생)는, 이 영화의 편집을 맡았을 때 불과 1년밖에 되지 않은 편집주임이었다. 그는 《위대한 앰버슨가》의 편집을 맡기도 하였다. 후일 《현기증》《나체와 시체들》《상자 속의 시체》《사이코》《비련의 신부》《택시 드라이버》《강박관념》의 음악을 담당했던 천재적인 작곡가 버나드 허먼(1911년생)은, 1936년부터 라디오에서 머큐리 극단과 작업했으나 영화로는 《시민 케인》이 데뷔작이었다. 오슨 웰스는 《어둠의 한가운데》에 **버나드 허먼**을 참여시킨 바 있고, 《위대한 앰버슨가》를 만들 때도 함께했다.

**조지프 코튼**(1905년생)은 극단과 라디오에서 시간을 보내다가 1937년 머큐리 극단에 입단하게 된다. 그는 오슨 웰스의 《너무 지나친 존슨》《시민 케인》《위대한 앰버슨가》《공포로의 여행》에 출연하게 되고, 《제3의 사나이》에서도 오슨 웰스 가까이에 있었다. 공개되지 않은 40분짜리 단편 《너무 지나친 존슨》을 고려하지 않으면 《시민 케인》은 조지프 코튼에게 첫 영화였다.

**도로시 커밍고어**(1918년생)는 《시민 케인》에 출연하기 이전에 몇 편의 B급 영화에 출연한 적이 있다. 그녀는 10년 동안 세 번의 단역을 맡았던 것을 제외하고는 스크린에서 더 이상 만날 수 없게 되었다.

**애그니스 무어헤드**(1906년생)는 극단·합창단·라디오에서 활동하다가 '마치 오브 타임'의 단원이 되었고, 1940년 머큐리 극단에 입단한다. 그리고 나서 그녀는 오슨 웰스의 《위대한 앰버슨가》와 《공포로의 여행》에 출연했고, 1944년 오슨 웰스와 함께 로버트 스티븐슨의 영화 《제인 에어》에 출연하기도 했다. 몇 개월 뒤 존 크롬웰의 영화 《그대는 떠나고》에서 조지프 코튼과 재회하게 된다.

**루스 워릭**(1915년생)은 라디오와 성악가 출신으로 이 영화가 첫 출연작이다. 《공포로의 여행》 이후 그녀는 텔레비전 드라마에서 스타가 될 때까지 단역에서나 볼 수 있었다.

**레이 콜린스**(1888년생) 역시 머큐리 극단 출신이다. 그의 데뷔작은 《시민 케인》이고, 이어서 《위대한 앰버슨가》에도 출연하였다. 오슨 웰스는 1958년 《악의 손길》에 그를 다시 출연시켰다.

**에스킨 샌퍼드**(1885년생)는 머큐리 극단을 거쳐 《시민 케인》에서 처음으로 배역을 받게 되고 그뒤 《위대한 앰버슨가》《상하이에서 온 여인》《맥베스》에도 출연하게 된다.

**에버렛 슬론**(1909년생)은 《세계 전쟁》에도 출연한 바 있는 머큐리 극단의 단원으로, 영화로는 《시민 케인》이 데뷔작이다. 그의 모습은 《공포로의 여행》과 《상하이에서 온 여인》에서도 볼 수 있다.

**윌리엄 올랜드**(1916년생)는 오슨 웰스와 아주 가까운 협력자이다. 그는 머큐리 극단의 배우이자 무대감독이었고, 라디오에서는 조감독을 했으며, 데뷔작인 《시민 케인》에서는 제작부장보였다. 《맥베스》에서도 그의 모습을 다시 볼 수 있다.

**폴 스튜어트**(1906년생)는 오랫동안 연극 무대와 라디오에서 활동하다가 1938년 머큐리 극단에 입단하게 된다. 그는 배우로 활동했고, 《세계 전쟁》의 시나리오를 쓰기도 했다. 영화로는 《시민 케인》

이 그의 데뷔작이고, 1950년 로버트 스티븐슨의 《도시의 이방인》에서는 조지프 코튼 곁에 있었다.

　조지 쿨루리스(1903년생)는 머큐리 극단을 거쳐 《시민 케인》 이전에 몇 편의 영화에 출연한 적이 있는 배우이다.

　포투니오 보나노바(1893년 1월 13일생이거나 자료 출처에 의하면 1905년 1월 23일생)는 1921년부터 영화에 출연한 것으로 되어 있지만, 그의 이력서상으로는 《시민 케인》이 유일한 작품이다.

　거스 쉴링(1908년생)은 머큐리 극단 출신으로 이전에 단역으로 출연한 적이 있다. 그는 《위대한 앰버슨가》《상하이에서 온 여인》《맥베스》, 사후에 개봉된 영화 《악의 손길》에도 단역으로 출연한 바 있다.

　필립 반 잔트(1904년생)는 《시민 케인》 이전에도 몇 편의 영화에 출연한 바 있다.

　해리 샤논(1890년생)은 1930년부터 영화에 출연했다. 그는 《상하이에서 온 여인》과 《악의 손길》에도 출연한 바 있다.

# 전후 관계

《시민 케인》은 시대적 상황에 놓고 볼 때 모든 관점에서 예외적이고 특별한 영화이다.

1930년대 할리우드, 즉 유성 영화 시대의 할리우드는 감독들과의 관계가 매끄럽지 못했다. 소리의 도래로 제작비가 상승하게 된 반면에 언어가 세계적 규모의 배급에 장애물이 되었다. 이 새로운 영화는 무성 영화의 거장들이 경계하는 장르가 되었고, 대사 작가와 배우들은 중요한 위치를 부여받게 되었다. 발성 영화를 만든다는 사실로 조명에는 별 변화가 없었지만, 그 이전 시대의 영화가 숏의 크기와 편집 덕택에 발전할 수 있었던 것들이 모두 제한되고 말았다. 한마디로 1930년대 영화는 공장 생산 방식, 즉 스튜디오에서 만들어진 영화였다. 이때 감독은 제작자와 스타 배우에게 꼼짝못하는 존재였다. 《시민 케인》보다 한 해 전에 촬영된 당시 시대상을 그리기 위해 구상된 《바람과 함께 사라지다》를 계기로, 이 영화를 만든 빅터 플레밍(리브 이슨을 제2진으로 제외시키더라도)을 비롯해 4명의 감독 클라크 게이블의 지시에 의해 쫓겨난 조지 쿠커와 샘 우드 · 윌리엄 캐머런 멘지스가 이어서 등장했다는 것을 확인해 보는 것은 암시하는 바가 크다. 사실 이 영화의 진정한 사업주는 제작자 데이비드 O. 셀즈닉이었다.

# 오슨 웰스 생애에서의 《시민 케인》

젊은 오슨 웰스는 전혀, 아니 거의 영화를 만들어 본 경험도 없이 기존의 수많은 감독들의 부러움과 시기심을 불러일으키면서 제작 단계의 전권을 부여받은 전례없는 계약을 성사시켰다. 이것이 어떻게 가능했을까?

오슨 웰스가 《시민 케인》을 시작할 당시 앞서 만든 많지 않는 필름들을 언급해 볼 필요가 있다. 1934년(몇 년 전 복사본 발견됨)에 촬영된 4분짜리 16밀리 무성 영화의 무모한 시도인 《시대의 심장》과 《너무 지나친 존슨》 같은 영화가 존재한다는 것은 《시민 케인》이 만들어진 이후이다. 오슨 웰스가 연출하고, 머큐리 극단의 단원들이 출연한 윌리엄 질렛 희곡의 여러 개의 막에 서막으로 상영하기 위해 1938년에 만들어진 단편 영화들은 전체적으로 모두 시사회를 갖지 못했다. 이 영화는 공개되지 않았을 뿐더러 복사본도 1970년 8월 마드리드에 있는 오슨 웰스의 별장에 난 화재로 소실되고 말았다. 그렇지만 오슨 웰스가 영화에 강한 애착을 갖게 만든 것이 바로 《너무 지나친 존슨》이었던 것으로 전해지고 있다.

사실 오슨 웰스의 명성과 그가 약관 24세의 나이에 신임을 받게 되었던 사실은, 카메라 뒤에 감춰진 직업적인 데뷔에서 연유하는 것이 아니라 연극인과 라디오맨이라는 이중적인 명성에서 연유하는 것이다. 몇 달 전 미국인들을 모두 거리로 뛰쳐나오게 만들었던 사람의 확신에 아무도 저항할 수 없다. 《세계 전쟁》이 1938년 10월 30일에 방송되었고, 1939년 7월 21일 오슨 웰스는 RKO 영화사와 계약을 맺었다. 게다가 오슨 웰스는 자유를 보장해 줄 수 있는

유일한 문, 즉 **RKO** 영화사의 운명을 책임지고 있는 조지 **J.** 섀퍼의
마음의 문을 여는 재주가 있었다. 다른 스튜디오들이 소속 감독들
(메이어, 셀즈닉, 탈버그, 자누크, 워너, 주커, 해리 콘)을 강압적으로
이끄는 식견 있는 '독재자'와 다름없는 사람들의 지배하에 두었던
것처럼 1929년 창설되어 1957년 문을 닫을 때까지 **RKO** 영화사를
이끌었던 1948년의 하워드 휴스가 아니었다면, 결코 오슨 웰스의
머릿속에 믿음이 없었을 것이다. **RKO** 영화사 책임자들의 이름에서
볼 수 있는 셀즈닉 · 쿠퍼 · 버먼 · 샤리와 같은 이들은 **RKO**가 사라
질 무렵에서야 경영에 참여하게 되었다.

　　**RKO** 영화사는 상업적으로 실패(성공작이 없었던 몇 년 전 전쟁중
에 이런 농담이 전해질 정도이다. "비행기 공습이 있을 때 **RKO** 극장
안으로 피신하라.")했지만, 당시 《시민 케인》이 세운 규범에 대해 그
러했던 만큼 혁신적인 영화를 제작하는 것을 두려워하지 않았다.

## 《시민 케인》에서 오슨 웰스의 계획

　　1939년 7월 21일 존 휴즈먼과 오슨 웰스는, 머큐리 극단의 공동
운영자로서 오슨 웰스에게 두 편의 영화를 제작하고 쓰고 감독하고
연기할 권리를 부여한다는 계약을 그 전해에 임명되어 **RKO**의 명
성을 높일 수 있는 정책을 마련할 수 있다고 자신하는 조지 **J.** 섀퍼
와 맺었다. 《시민 케인》의 탄생으로 말하자면, 이 계획이 오슨 웰스
의 우선적인 관심의 대상이 아니었다는 것을 확인해 보는 것은 흥
미로운 일이다. 그가 제시한 첫번째 주제는 조지프 콘래드의 《어둠
의 한가운데》의 각색이었다. 이 작품은 후일 프랜시스 포드 코폴라
에 의해 《지옥의 묵시록》이라는 제목으로 영화화되었다. 수많은 감

독들 중에서 코폴라는 아마도 오슨 웰스 개인이나 그의 작품에 비해 가장 은밀하면서도 가장 깊이 있게 작업을 했던 감독으로 꼽힐 수 있을 것이다.

《어둠의 한가운데》는 1938년 11월 6일 방송된 바와 같이 이미 라디오용으로 짧게 각색되기도 했다. 오슨 웰스가 절대 권력을 휘두르는 폭군(우리 곁에는 항상 케인과 같은 사람이 있다)과 같은 커츠(케인과 유사한 느낌의 이름)의 역을 맡았었다는 것에 주목할 필요가 있다. 그런 폭군의 자기 파괴 본능은 거울 속에 비치는 분신으로 관찰된다. 우리는 오슨 웰스의 영화에서 커플들을 발견할 수 있다. 그 예로 《시민 케인》의 케인과 르랜드, 《아카딘 씨》의 아카딘과 밴 스트래튼, 《악의 손길》의 퀸랜과 멘지스, 《팰스태프》의 팰스태프와 핼을 들 수 있다. 영화에 등장하는 배우들은 머큐리 극단의 단원들이었고, 그들은 후일 《시민 케인》에 등장하게 된다.

《어둠의 한가운데》의 제작비는 오슨 웰스에게 배당된 예산의 두 배에 달했기 때문에 제작이 불가능했다. 그 당시 오슨 웰스는 니콜라스 블레이크(C. 데이 루이스의 필명)의 《칼을 쥐고 미소짓는 자》를 각색하는 데 심혈을 기울이고 있었다. 이 작품에서 그는 케인, 보다 정확하게 말하자면 케인의 모델 가운데 하나인 하워드 휴스를 상기시키는, 부자이고 잘생기고 여성 편력이 있는 기업인을 주인공으로 등장시키고 있다. 이 영화도 만들어지지 못했지만 아무도 아쉬워하지 않은 듯하다.

1940년초 오슨 웰스는 《시민 케인》을 진행시키기 시작한다. 허먼 J. 맨케비츠가 함께 참여했던 시나리오는 7개의 판본이 존재하고, 최종 판본은 7월 16일에 완성된 것으로 되어 있다. 촬영은 7월 30일에 시작되었고, 편집은 10월말로 되어 있다. 개봉 일자는 1941년

2월 14일로 예정되었으나, 허스트가 경영하는 신문사들의 공격으로 연기되었다. 허스트는 케인이란 인물을 통해 자신을 비난의 대상으로 삼았다고 생각한 것이었다. 그때 이 영화는 전문가들에게 여러 번에 걸쳐 비공식 상영의 대상이 된 작품이었다. 기자 시사회는 그해 4월 9일에 열렸고, 개봉은 뉴욕 5월 1일, 시카고 5월 6일, 로스앤젤레스 5월 8일에 이루어졌다.

《시민 케인》을 보려면 그 시기의 다른 미국 영화들과 마찬가지로 제2차 세계대전이 끝나기를 기다릴 수밖에 없게 된 프랑스에서는 1946년 7월 3일에서야 개봉되었다.

| 정치적 사건들 | 소설 작품과 영화 작품 |
|---|---|
| 1919 미국에서의 금주법 제정. 베르사유 회담. | 1920 《메인 스트리트》(루이스) 《지킬 박사와 하이드 씨》 (로버트슨) |
| 1920 여성 투표권 부여. 공화당 후보 하딩 대통령 당선. 베르사유 조약 부결. | 《조로의 몸짓》(니블로) 1921 《3인의 병사》(도스 패서스) 《키드》(채플린) |
| 1921 보호 무역 제도: 수입 쿼터법. 중앙유럽 열강들과 분리 협정. | 1922 《배빗》(루이스) 《순경》(키턴) 1923 《맹금류》(슈트로하임) 가르보 데뷔 |
| 1923 하딩 대통령 사망: 공화당 후보 쿨리지 대통령 당선. | 1924-1926 《위대한 개츠비》 (피츠제럴드) |
| 1924 이민 차별법 제정. 독일 배상에 관한 도스 플랜. 쿨리지 대통령 재선. | 《맨해튼 역》(도스 패서스) 《태양은 또다시 떠오른 다》(헤밍웨이) 《속임수》(포크너) 《십계》(드밀) 《항해자》(키턴) 《황금광 시대》(채플린) 《대행진》(비더) 《장군》(키턴) |
| 1927 사코와 반체티 사형 집행. 증권 폭등 시작. | 1927-1930 《킬리만자로의 눈》(헤밍웨이) |
| 1928 후버 대통령 당선. | 《음향과 분노》(포크너) |
| 1929 '검은 목요일' (1924. 10. 24): 주식 대폭락. | 《사토리스》(포크너) 《재즈 싱어》(크로슬런드) |

경제 위기 시작.

독일 배상에 관한 영 플랜.

1930 다수의 은행 파산.

1931 모라토리엄(대외 채무 지급 유예).

1932 미국 공장들 1929년 대비 54퍼센트 가동.

10만 개 이상의 공장 파산으로 경제 붕괴.

민주당 후보 루스벨트 대통령 당선.

1933 금주법 해제.

제1차 경제 부흥 시도(뉴딜 정책): 농업과 산업 정책.

1935-1937 제2차 뉴딜 정책: 사회조세법.

루스벨트 압승 재선.

미연방 최고재판소 정부 대책의 수많은 거부권 행사 이후 방향 수정.

동시 녹음된 최초의 유성 영화.

《미키마우스》(월트디즈니)

《할렐루야》(비더)

《모로코》(슈테른베르크)

1931-1933 《성역》(포크너)

《토바코 로드》(콜드웰)

《시티 라이트》(채플린)

《프랑켄슈타인》(훼일)

《공중의 적》(웰먼)

《스카페이스》(혹스)

《상하이 특급》(슈테른베르크)

《도망자》(르로이)

《크리스티나 여왕》(마물리안)

《킹콩》(쿠퍼)

《1933년의 황금광들》(르로이와 버클리)

《42번가》(베이컨과 버클리)

1934-1936 《말들을 사다》(맥코이)

《거금》(도스 패서스)

《토르티야 대지》(스타인벡)

《승산 없는 싸움》(스타인벡)

《우리의 일용 양식》(비더)

| | |
|---|---|
| | 《붉은 여제》(슈테른베르크) |
| | 《모던 타임스》(채플린) |
| | 《디즈 씨 읍내에 가다》 |
| | (카프라) |
| | 《분노》(랑) |
| | 1937-1939 《U.S.A.》(도스 패 |
| 1938 농업에 관한 새로운 법 | 서스) |
| 제정. | 《생쥐와 인간》(스타인벡) |
| 1939 개혁 지연. | 《분노의 포도》(스타인벡) |
| 재무장 정책. | 《백설공주와 일곱 난쟁 |
| | 이》(디즈니) |
| | 《아기 양육》(혹스) |
| | 《당신은 그걸 가질 수 |
| | 없어요》(카프라) |
| | 《바람과 함께 사라지다》 |
| | (플레밍) |
| | 《젊은 링컨》(포드) |
| 1940 루스벨트 대통령 3선 당선. | 1940-1941 《누구를 위하여 |
| 1941 '무기대여법' 제정. | 종을 울리나》(헤밍웨이) |
| 대서양헌장. | 《촌락》(포크너) |
| 진주만: 미국 참전. | 《위대한 독재자》(채플린) |
| | 《분노의 포도》(포드) |
| | 《몰타의 매》(휴스턴) |
| | 《요크 중사》(혹스) |
| | 《시민 케인》(오슨 웰스) |

케인과 에밀리, 그리고 아들

# 케인의 간략한 이력

가공의 성 재너두에서 한 남자가 쓸쓸히 죽음을 맞이하고 있다. 그는 누구였을까? 언론사 거물의 삶만큼 공적인 삶을 찾아보기란 쉽지 않다. 허식 속에 살았던 케인은 사실 누구였을까? 이것은 톰슨 기자가 케인이 침대에서 죽어가면서 내뱉은 마지막 한마디 **로즈버드**(장미꽃봉오리)의 의미를 밝히려는 미스터리이다. 하지만 오히려 오슨 웰스는 이렇게 이야기하고 있다.

"《시민 케인》은 케인의 마지막 한마디의 의미를 밝혀내기 위해 톰슨이라는 기자를 통해 시도된 조사에 대해 이야기하고 있다. 톰슨에 따르면, 케인의 마지막 한마디가 틀림없이 그의 생애를 말해 줄 수 있기 때문이다. 그것은 아마 사실일 것이다. 결국 톰슨은 케인이 말하고 싶어했던 것을 결코 밝혀내지 못하지만, 관객은 그것을 발견할 수 있다. 그가 시도한 조사는 케인을 잘 알고 있거나, 그를 사랑했거나 미워했던 5명의 인물들 곁으로 관객을 인도한다. 그들은 톰슨에게 각기 다르고 매우 단편적인 다섯 가지 이야기를 해준다. 따라서 케인에 대한 진실은 어느 한 개인에 대한 모든 진실과 마찬가지로 케인에 관해 이야기되었던 모든 것을 종합해 봄으로써만 추론될 수 있다.

몇몇 사람들은 케인이 어머니만을 좋아했다 하고, 또 다른 몇몇 사람들은 그가 신문만, 두번째 부인만, 자기 자신만 사랑했다는 것이다. 어쩌면 그는 그들 모두를 사랑했을 수도 있고, 아무도 사랑하지 않았을 수도 있다. 관객들만이 판단할 수 있다. 케인은 이기주의자인 동시에 사심이 없는 자였고, 이상주의자인 동시에 사기꾼이고, 비범한 동시에 평범한 인간이었다. 이 모든 것은 케인에 대해 말하는 사람이 누구인가에 달려 있다. 그는 결코 작가의 객관적인 눈으로 비친 적이 없다. 이 영화는 결말보다는 문제 제기에 더 많은 목적을 두고 있다."

영화가 제공하는 상반되는 정보로 케인의 생애를 재구성하는 것은 쉽지 않다. 이렇게 한 문단으로 정리될 수 있다.

"70세가 된 한 인간의 생애를 1941년 영사실에서 방영된 하나의 뉴스 시퀀스로 전하는 것은 어렵겠지만" 이 사실로 보면 케인은 1871년경 태어났다. 반면에 1871년으로 추정되는 대처와 케인의 만남은 자막에 언급된 바에 의하면 '케인의 나이 여덟 살' 때 이루어진 것이기 때문에 이 사실로 보면 케인은 1863년생이다. 그러나 케인을 1863년생으로 만듦으로써 케인은 1888년 《인콰이어러》지를 운영하고, 1894년 《크로니클》지의 기자들을 매수하기 위한 향연을 베풀 수 있었던 것이다. 이것은 "우리가 곧 스페인 전쟁을 선포해야 할까요?"와 같은 문장과는 상반된다. 미국은 장갑함 메인호에 지뢰부설로 기폭제가 된 사건이 1898년 2월 15일에 일어나자 같은 해 8월 28일 쿠바에 개입한 바 있다. 실제로 오슨 웰스는 주인공 케인의 추정된 삶에 지나치게 관심이 많지는 않았었던 것 같다. 이것은 시나리오의 최종 판본을 읽어보면 알 수 있다. 무대장치가, 의상담당자, 소품담당자, 기록보관자(실제 기록에서 뽑은 인서트숏을 위해)의 작업을 용이하게 만들기 위해 시나리오에 장면마다 연대가 씌

어 있다. 이 영화는 최종 시나리오에 90퍼센트 충실했다고 보더라
도 정확한 연대 추정에 있어 많은 허점이 있다. 대체로 어쩔 수 없
는 형세로 뒤따르게 되는 연대기는 산만하게 제공된 정보에 최소한
의 순서를 부여하는 것과는 다른 재미에 불과하다.

1865년 찰스 포스터 케인 태어남.
1868년 케인의 어머니가 부의 원천인 금광 상속.
1871년 케인 부모와 이별.
1890년 케인 《인콰이어러》지를 소유하고, 발행인의 서약 작성.
1898년 케인 스페인 전쟁의 참전 캠페인.
1900년 에밀리 먼로 노턴과 결혼.
1906년 케인과 에밀리 사이에 아들 태어남.
1911년 케인의 신문 제국의 전성기.
1915년 수잔 알렉산더와의 만남.
1916년 케인 뉴욕 주지사 자리 갈망. 수잔과의 스캔들로 낙선.
1916년 수잔 알렉산더와 결혼.
1917년 케인 미국의 유럽 개입 반대. 시카고 오페라 개막.
1918년 자동차 사고로 에밀리와 아들 죽음.
1920년 수잔의 자살 기도. 재너두 성 건설 시작.
1925년 의회청문회 대처 증언.
1929년 삭막하고 미완성 상태인 재너두 성에서의 퍼즐 맞추기
        장면.
1929년 케인 그룹의 첫번째 신문 폐간.
1932년 케인 소유 신문들 차례로 폐간.
1932년 수잔 알렉산더와의 절교.

1940년 케인 재너두 성에 칩거.

1941년 케인의 죽음.

# 시퀀스의 흐름

오늘날 '플래시백'으로 구성된 영화들에 많이 익숙해진 분석자에게 《시민 케인》의 데쿠파주를 시퀀스로 재구성하는 것이 상대적으로 용이해졌다고 하더라도, 영화의 구조에는 다양하면서도 복잡하고 불신감이 없을 것 같은 관객을 겨냥한 함정들이 많이 숨겨져 있다는 것을 알 수 있다.

## 영화의 데쿠파주

### 첫번째 시퀀스: 케인의 죽음

카메라는 클로즈업으로 '출입 금지'라는 게시문이 보이는 철책에 고정되어 있다. 그래도 우리는 불법 침입이 가능하다. 카메라는 모노그램 'K' 자가 붙어 있는 정문에서부터 재너두 성이 보일 정도로 이색적이고 끝없이 펼쳐진 쇠창살 같은 철책을 따라 지나간다. 이때 우리는 이질적이고 낯설며 환상적인 배경들로 구성된 잇단 숏을 통해 유일하게 불켜진 창으로 다가간다. 이어서 케인이 **로즈버드**

라는 단 한마디를 내뱉으며 죽어가는 방 안으로 들어간다.

### 두번째 시퀀스: 시사뉴스 영화
케인의 생애는 시사뉴스 거리가 되기를 기대하기라도 했듯이 요약된다. 재너두 성에 이어 짧은 장례식 숏이 이어지고, 다음으로 케인의 죽음을 알리는 여러 신문의 머리기사에 이어 마지막으로 케인의 삶에서 가장 특기할 만한 순간들이 소개된다.

### 두번째 시퀀스(끝): 시사뉴스 영사실
방금 본 몽타주가 나쁘지는 않지만, 신문사 주필 롤스턴은 여기서 공격할 측면이 부족하다는 것을 발견한다. 롤스턴은 케인의 삶의 열쇠가 될 것으로 생각되는 **로즈버드**가 무엇인지 찾아내기 위해 이 몽타주를 책임질 기자로 톰슨을 파견한다.

### 세번째 시퀀스: 수잔의 증언을 위한 1차 시도
'엘 란초' 카바레에서 톰슨은 수잔을 만나 물어보는데, 그녀는 대답을 거부하고 그를 내쫓는다. 호텔 지배인은 아무것도 모른 채 수잔이 더 이상 아는 것이 없다고 단정한다.

### 네번째 시퀀스: 대처의 회고록
프롤로그. 톰슨은 대처 도서관에 도착해서 은행가의 회고록 열람을 요청한다.

1. 대처는 케인 어머니의 소유인 눈 덮인 초라한 하숙집에서 어린 케인의 의향을 무시한 채 그의 후견인이 된다. 케인은 이를 거부하기 위해 대처에게 눈썰매를 던진다.

2. 세월이 흘러 25세가 된 케인은 세계에서 여섯번째 부호가 된다. 재산 중에서 《인콰이어러》라는 조그만 신문만이 그의 관심 대상이 된다.

3. 보잘것없지만 정직한 신문 《인콰이어러》지는 서로 차지하려는 쟁탈전이 벌어진 스캔들 많은 신문이 된다. 케인은 편집과 은행가에게 자신의 저널리즘 개념을 강요하기에 이른다. 그는 적자에도 아랑곳하지 않고 그가 속해 있는 사회를 공격하며 자부심을 갖는다.

4. 1929년 상황이 바뀐다. 케인은 소유하고 있는 신문들을 통제할 능력을 상실하게 된다.

에필로그. 톰슨은 찾으려던 것을 발견하지 못한 채 대처 도서관을 떠난다.

### 다섯번째 시퀀스: 번스타인의 증언

프롤로그. 번스타인은 그의 사무실에서 케인에 대한 이야기를 시작하기 전에 개인적인 기억을 떠올린다.

1. 번스타인에 의해 목격된 케인과 그의 친구 르랜드의 도착. 케인은 빈약해진 편집에 새로운 방식을 도입한다. 그것은 케인에게는 적절하지만 권장하기 어려운 작업 방식과 같다.

2. 케인은 발행인으로서의 서약을 공포한다. 6년 뒤 신망 높던 경쟁 신문 《크로니클》지를 인수할 정도로 판매 부수가 올라간다.

3. 《크로니클》지 인수를 기념하기 위해 마련된 연회에서 케인은 외국으로 휴가를 떠나겠다고 발표한다. 음악은 그의 미덕을 찬양하기 위한 듯 커지고, 르랜드와 번스타인은 직업적인 본분에서 서로 맞서게 된다.

4. 케인은 세계에서 가장 큰 다이아몬드를 구입하도록 한다.

5. 유럽에서 돌아온 케인은 미국 대통령의 조카딸 에밀리 먼로 노턴과의 약혼을 발표한다.

에필로그. 번스타인의 사무실로 돌아온다. 번스타인은 **로즈버드**가 무엇을 의미하는지 알지 못한다.

### 여섯번째 시퀀스: 르랜드의 증언

프롤로그. 헌팅타운 병원에서 르랜드는 로즈버드에 대해 전혀 모른다고 전제하면서 이야기를 시작한다.

1. 케인과 에밀리 부부의 급속한 관계 악화에 대한 이야기.

　막간. 톰슨이 르랜드에게 수잔에 대해 묻는 장면으로 되돌아간다.

2. 케인과 수잔의 만남에 대한 이야기와 두 사람의 관계 설정.

3. 선거 유세장. 르랜드는 케인을 위한 선거 운동을 한다. 케인은 극장에서 집회를 갖는다. 아들을 동반한 부인 에밀리는 사람들 사이에 섞여 케인의 연설을 듣고 있고, 맨 꼭대기 좌석에는 그의 정적 짐 게티스가 숨어 엿듣고 있다.

4. 케인의 몰락. 게티스가 공갈 협박한다는 것을 전해 들은 에밀리는 케인과 함께 정부 수잔이 살고 있는 아파트로 간다. 에밀리는 케인을 굽히게 만들고자 하지만 거부한다. 그때 《크로니클》지는 이 사건을 대서특필하게 되고, 스캔들은 세상에 알려지게 된다.

5. 케인은 선거에 패배한다. 술에 취한 르랜드는 케인에게 사임하겠다는 의사를 밝히고 시카고로 전속시켜 줄 것을 요구한다.

6. 케인은 여가수 수잔과 결혼하고, 그녀에게 오페라를 지어 준다.

7. 케인은 수잔의 보잘것없는 연기에 대한 혹평을 쓰기보다는 차라리 술을 마시고 취해 버린 르랜드와 결별 이후 처음으로 다시 만

나게 된다. 케인은 같은 어조로 르랜드의 원고를 끝내고, 그의 협력자를 해고한다.

에필로그. 병원으로 돌아온다. 르랜드는 생에 대한 애착을 부르짖는다.

### 일곱번째 시퀀스: 수잔의 증언

프롤로그. '엘 란초' 카바레에서 톰슨이 수잔에게 말을 걸자 이번에는 받아들인다.

1. 수잔은 이탈리아 명지휘자와의 연습 장면과, 이미 르랜드의 증언을 통해 알 수 있는 오페라에서의 참담한 밤을 이야기한다.

2. 수잔의 방에서 르랜드의 해고에 관해 언쟁하는 수잔과 케인의 모습.

3. 수잔의 자살 기도.

4. 황량한 재너두 성에 사는 수잔과 케인의 모습.

5. 해변으로의 소풍.

6. 결별.

에필로그. 카바레에서 수잔은 톰슨과 작별 인사를 한다.

### 여덟번째 시퀀스: 재너두 성

1. 톰슨은 로즈버드라고 말하는 것을 들었던 상황을 이야기하기 시작하는 레이먼드에게 묻는다.

2. 우리는 케인이 구입할 수 있었던 모든 것을 쌓아두기 위해 마련한 거대한 창고 안을 사진기자들과 함께 돌아볼 수 있다. 톰슨은 **로즈버드**를 둘러싸고 있는 미스터리를 풀지는 못했지만, 사실 그것이 상당히 중요한 것임에 틀림없다고 설명한다. 모두 가버리고 쓸

모없는 물건들을 불태우는 사람들만이 남는다. 그 물건들 가운데 어린 시절 케인의 눈썰매가 거대한 벽난로 안에서 불타고 있다.

 이 영화는 처음과 상반된 움직임으로 끝난다. 카메라는 '출입 금지'라는 게시문을 스크린에 맞추어 투사하기 위해 철책으로 다시 내려온다.
 모두 끝났다고 생각될 때 배우들이 인사하려는 것처럼 다시 나타나는 동안 끝자막이 올라간다.

재너두 성에서 퍼즐을 맞추고 있는 케인과 수잔

# 구조, 행위, 극작법

재너두 성에서 수잔은 지루해 죽을 지경인 상태에서 시간을 보내기 위해 퍼즐 맞추기를 하고 있다. 마지막 시퀀스에서 쌓여 있는 무수한 물건들에 파묻힌 젊은 여인 루이즈는 퍼즐에 빠져 있다. 이것은 그로 하여금 "이미 많은 퍼즐이 있었지"라고 말하게 만든다. 잠시 후 "당신은 그동안 무엇을 만들었습니까?"라는 질문에 대하여, 톰슨 기자는 "나는 퍼즐을 즐겼습니다"라고 말한다. 이런 일관된 전후 관계가 중요하다.

루이즈: "당신이 **로즈버드**가 무엇을 의미하는지 알아낸다면 모든 것이 설명될 수 있으리라고 나는 확신합니다."

톰슨: "아니오, 나는 그렇게 생각하지 않습니다. 그럼요. 케인은 원하는 모든 것을 소유한 동시에 모든 것을 잃은 사람이었습니다. **로즈버드**, 그것은 아마도 그가 획득하지 못했거나 잃어버린 어떤 것이었을 겝니다. 여하튼 그것만으로 모두가 설명될 수 없을 겝니다. 내 견해로 볼 때 어떤 말로도 한 인간의 삶을 충분히 설명할 수 없습니다. 아니 **로즈버드**, 그것은 퍼즐의 한 조각, 빠져 있는 조각에 불과합니다."

# 퍼즐 영화, 속임수 영화

한마디로 오슨 웰스는 영화의 마지막 부분에서 시나리오 배열의 중요한 두 가지 그림, 퍼즐과 속임수를 드러낸다. 한편으로 조각 맞추기에서만 의미가 밝혀질 수 있는 조각으로 나누어진 구조, 다른 한편으로 대상이 가공의 것이기 때문에 탐색중에 우리가 속게 된다는 고백이다. 즉 **로즈버드**는 나머지 모든 것을 건너뛰게 만들기 위한 트릭에 불과했다. 놀라운 형상이지! 한편 아동용 놀이라는 한계를 벗어나 세련된 스타일의 소재로 만들 수 있는 거대한 전기 기차를 위해 스튜디오를 차지하고 있는 영원한 어린아이를 재발견할 수 있고, 다른 한편으로 부차적인 것에 집중시키고 정작 중요한 것에서 주의를 이탈시킴으로써 관객을 골탕먹이기를 즐기는 마술사를 발견할 수 있다. 결국 오슨 웰스의 마술사와 같은 재능은 나중에 마를렌 디에트리쉬를 둘로 자르는 버라이어티 쇼의 프로그램에서 구체적으로 드러나게 된다. 그는 《진실과 거짓》의 시작 부분에서 마술사처럼 능수능란한 자태를 자연스럽게 드러내면서 베일의 한쪽을 걷어올린다.


# 거울형 영화

바로 위에서 우리는 영화의 두 가지 중요한 형상을 살펴보았다. 사실 세번째 형상이 존재하지만 더 은밀하다. 케인이 수잔의 방에 있는 모든 물품을 부수어 난장판으로 만들고 나갈 때, 거울의 벽 사이를 지나간다. 케인의 모습이 거울에 끝없이 비친다. 거기서 영화 도처에 존재하지만 이해하려면 해체 작업이 필요한 모티프, 즉 이 중·거울·분신의 주제가 노골적으로 강조된다. 이런 모티프는 핵심 장면에 반영되는 작품의 구조를 정당화시킨다. 톰슨이 번스타인을 만나는 다섯번째 시퀀스를 축(다섯번째 시퀀스가 상영 시간으로 볼 때 영화의 중간에 위치하는 것은 아니라 하더라도)으로 삼는다면, 이 시퀀스를 중심으로 양쪽에서 케인의 주된 협력자 대처와 르랜드와의 중요한 두 번의 대담을 발견할 수 있다. 다음으로 수잔의 말을 들어 보려는 두 번의 시도가 이루어진다. 그리고 2개의 장치, 수수께끼가 제시되는 장치(시사뉴스 영화와 그 종결부)와 수수께끼를 풀려는 희망을 꺾는 장치(레이먼드의 증언)가 있다. 그리고 케인의 두 번의 죽음, 임종하는 침대 위에서의 육체적인 죽음과 불타는 눈썰매를 통한 은유적인 죽음이 있다. 이것은 **로즈버드**라는 말이 처음에 발설되는 장면과 마지막에 그 말이 설명되는 장면이다. 그리고 '출입 금지'라는 게시문은 완전히 대칭으로 나타난다. 배우들이 인사하러 나오는 듯한 마지막 장면(영화 앞자막과 대비되는 영화 끝자막과 관련이 있지만)은 피루엣과 같이 아이러니컬한 회전이 단지 우리가 영화를 보는 중임을 상기시키는 것과 다른 목적이 있는 것처럼, 이런 전체적인 구조에서 약간 벗어나 있다.

거울 속의 케인

출입 금지

영화의 일반적 구조

앞자막

'졸업 금지'

케인의 죽음 (케진 유리공)

시사뉴스 영화 (공적인 삶, 조사 시작)

수 잔

매 처

번스타인

르랜드

수 잔

레이먼드 (사적인 삶, 조사 중단)

불태워진 눈썰매

'졸업 금지'

끝자막

# 플래시백 영화

위의 이런 도식이 자주 강조되지 않는다 하더라도 이것은 다른 도식, 즉 회상의 도식으로 은폐될 수 있는 것이다. 오늘날 이런 기법은 놀라지 않고 충분히 이해될 수 있으나 당시에는 매우 혁신적인 것이었다. 그렇지만 오슨 웰스는 미리 대비한 것이다. 케인의 삶의 몇 가지 에피소드들이 그를 알고 있던 사람들의 증언에서 되풀이되지 않고, 적어도 다른 하나의 에피소드(시카고 오페라의 개막식)가 두 번 상기되지 않으며 이야기들이 몇 번 중복된다면 스토리의 진행은 전체적으로 보면 연대기적인 것이 된다. 설명을 지나치게 혼란스럽게 만들 필요는 없다. 그것은 매순간 가시적인 것으로 남을 수밖에 없는 맥락에 의해서만 이루어질 수 있는 것이다. 역시 영화는 문학만이 한동안 시도했던 것(예: 1930년에 출간된 포크너의 《임종의 자리에서》), 즉 선조성을 깨는 것과 주인공의 생각과 행위를 보증하는 가시적이든 그렇지 않든 화자라는 존재의 토대가 되는 것을 분명히 처음으로 감행했던 것이다. 회상은 단순한 필연적인 귀결이기 때문에 《시민 케인》에서 발견할 수 있는 유일한 인물에 대한 다양한 관점이 내포하고 있는 대담성을 이해하려면 1930년대의 작품 제작이 무엇이었는지 알 필요가 있다.

# 영화의 배열

일단 후견인들에서 벗어나 이제 작품의 배열을 살펴보아야 될 시점이다. 탁월한 미장센 방식 이전에 《시민 케인》은 구성이 보기 드문 술책에서 기인하는 영화이다. 마법사 같은 솜씨를 보이는 이미지(수잔이 케인을 만났을 때 직업이 마법사냐고 묻는다)에서 경탄할 만한 것은 종종 실제로 뒤에서 행해지는 것의 방패막이일 뿐이다. 놀라게 만드는 것은 설명될 수 있는 데 반해, 뜻하지 않게 의미를 갖는 것은 금방 의심스러워 보일 수밖에 없다.

## 모호함과 미스터리 속에서

첫번째 시퀀스의 경우도 마찬가지이다. 바라는 바대로 수수께끼 같은 첫번째 시퀀스는 우리를 안개와 불길한 밤의 어둠 속에서 우리 안에 갇힌 원숭이와 곤돌라, 도개교, 거리의 도로표지판 사이를 헤매게 만든다. 무엇이 수세기에 걸친 아주 다양한 문화에 속하는 요소들과 대치될 수 있을까? 아무것도 없다. 그렇다고 해서 이런 숏들이 다른 장소에서 포착될 수 있을까? 불가능하다. 멀리 보이는 성채와 우리의 지표가 될 수 있는 불 켜진 유일한 창문은 시간과 장소의 통일을 보여 준다. 그래서? 다음 시퀀스는 곧바로 우리에게 합리적으로 설명해 준다. 우리는 자연이든 문화든 발길이 닿는 곳이면 무엇이든 서슴지 않고 수집했던 매우 부유한 수집가의 집에 들어와 있게 된다. 그러나 우리는 접근을 금지한다는 게시문을 무시하고 철책을 넘어 몰래 핑계삼아 위층의 창을 통해 불법 침입하게 된다. 우리는 감히 의문을 제기할 수 없다. 오슨 웰스는 환상적인 소품 가게에서 가져온 '낡아 빠진' 골동품으로 우리의 시선을 억지로 값싼 이상한 것으로 끌리게 만들기 때문에 보아뱀에 희생된 사람처럼 관객은 분명히 드러나는 것에 주목하지 않는다. 누가 집필 중에 어디에나 존재하는 그 유명한 **로즈버드**란 말에 은밀히 집중하게 되는가? 케인이 침대에서 아무도 없이 죽어가면서 마지막으로 내뱉은 한마디는 바로 로즈버드라는 말뿐이다. 그때 간호사가 방으로 들어온다. 이 장면(신)의 데쿠파주는 주저할 여지가 없다. 그렇지만 호텔 지배인 레이먼드가 아무도 제기하지 않은 의문에 답을 가져오게 하려면 영화의 마지막 시퀀스를 기다릴 수밖에 없다. 그것은 굉장한 것이지만 대중적인 혜안으로 이야기되듯이 "커지면 커질수록 풍부해진다." 개인의 심리적 진실로 보면 케인은 홀로 죽어갈 수밖에 없다. 오슨 웰스는 위험을 무릅쓰고 영화를 시작했다. 이 장면(신)의 비논리성은 시사뉴스 영화 이후 소급된 상태로만 나타나기 때문에 관객은 그 순간 **로즈버드**는 무엇을 의미하는가라는 질문을, 누가 **로즈버드**라고 말하는 것을 명확하게 들을 수 있었는가라는 질문으로 바꿀 수 있다.

## 시사뉴스 영화 상영

첫번째 시퀀스와는 정반대로 시사뉴스 영화인 **두번째 시퀀스**에는 어떤 모호한 영역이 남아 있지 않는 것 같다. 모든 것이 경찰 조사처럼 분명하고 선명하며 정확하다. 사람들은 영화 후반부의 전개를 위해 여지를 남겨두는 것이 아닌가 하는 생각이 들 때까지 케인에 대해 아무것도 모른다. 작품의 시작은 좀처럼 뒤에 전개될 부분에 비해 모든 서스펜스를 완화시키기 위해 이루어지지는 않는다. 이것이 영화 전체에서 편중이 가장 덜 의심스러운 부분이다. 해설자는 그 당시의 어조로 숫자와 사건들을 열거한다. 우리는 화자의 객관성을 의심할 그 어떤 이유도 없다. 결국 화자는 거기서 어떤 관심을 갖게 된 것일까?

이 시퀀스는 각각 케인에 대해 갖는 특별한 관점을 왜곡하는 증언들의 연속인 **이어지는 시퀀스들과 뚜렷이 대비된다**. 관객은 단조롭게 촬영된 것 같은 불가피한 변화, 즉 주제의 핵심으로 되돌아갈 수 있는 필요불가결한 형상을 보면서 주의 집중이 느슨해진다. 오슨 웰스가 감명을 주고자 하는 것도 바로 이 부분이다. 대처의 의회청문회 때 조사단의 한 의원은 이런 질문을 한다. "그 당시 소년이었던 찰스 포스터 케인이 눈썰매를 대담하게 휘두르며 당신에게 달려들었다는 것은 사실이 아닙니까?" 극작법의 표현상 영화를 일단 보고 나면 이런 질문에 관심을 갖게 되는 것은 당연하다. 우리는 해설자의 목소리가 강하게 들린다 하더라도 항상 그를 주목하지는 않는다. 눈썰매는 조사단원들 중의 한 사람이 말한 첫번째 발언이다. 오슨 웰스는 그 순간부터 관객이 영화관을 나갈 때 "왜 더 일찍이 그런 생각을 못했었을까?" 하는 전형적인 반응을 보이도록 만들기 위해 눈썰매를 등장시킬 필요가 있었다. 여기서도 감독은 유일한 쾌락을 위해 객관적으로는 불가능한 숏으로 평소와 달리 관객과 즐기고자 한다. 이런 숏은 세 가지 이유에서 불가능하기 때문이다. 첫째, 가령 그 숏이 가장 하찮은 것이기도 하지만 의회는 대처와 당시 8세에 불과한 케인과의 다툼에 관심을 가질 것 같지는 않다. 둘째, 기자들이 시사뉴스 영화에 포함시키기 위해 들추어 낸

이 귀중한 자료는 존재할 수 없게 되었다. 장면은 '1868년 이후 57년' 동안의 이야기가 전개되고 있다. 시대는 1925년이다. 이때 영화는 여전히 무성 영화였다. 그렇지만 우리는 마이크 없이 대처가 진술하는 것을 들을 수 있다. 아주 간단하게 말하자면 이 숏은 반드시 유성으로 해야 했기 때문이다. 반면에 다른 숏들에서 오슨 웰스는 그와 반대로 무성의 재현법을 모방하기를 선호하고 있다. 셋째, 사실과 숏의 사실성을 인정함으로써 시사뉴스 영화의 편집 책임자들이 부차적인 의문을 갖는 것을 생각할 수 없지만, 그래도 몇 분간 케인에 대해 이야기할 수밖에 없다. 영화가 신빙성을 보이면 보일수록 거울의 이면에 숨겨진 것을 힘겹게 보려고 하자마자 영화는 점점 더 적은 것을 품게 된다. 오슨 웰스는 시나리오가 일관성이 결여되어 있음을 알아차리지 못할 만큼 정말로 아주 섬세하다는 가정을 받아들임으로써, 그런 일관성의 결여가 작품의 강점 그 자체이고 재현의 구조를 형성하는 핵심이며 탁월한 능력이 생길 수 있다는 것을 인정하는 '트릭'이라는 결론에 도달할 수 있다. 그것은 플롯을 찾아내는 매력에 넘어가는 관객뿐만 아니라 이 영화를 잘 알고 있는 영화광들에게 순조로울 수 있다. 비평에서는 한 번도 이렇게 일관성이 결여되었다는 문제가 제기된 적이 없다. 앞으로 가장 큰 문제가 남을 수 있다.

'3월의 뉴스'라는 제목으로 시작하여 동일한 방식으로 끝나는 고리 모양으로 구성된 이 시퀀스는 누구나 알고 있다고 생각하는 것, 확정된 일로 알고 있는 것을 위태롭게 만들게 되는 **전략**(여전히 속임수)으로 이어진다. 그렇다, 케인이 죽은 뒤 방영된 영화적 시사뉴스 영화의 문제가 아니라 여전히 수정될 수 있는 설명의 문제이다. 영화 한 편을 보여 준 뒤 좋은 것은 아니었다고 말하게 만드는 경우의 아이러니를 묵과할 필요가 있다. 시사뉴스 영화(여전히 이중적인)는 **로즈버드**가 퍼즐의 여러 조각 중의 하나에 불과하며, 게다가 흥미도 없음을 알려 주는 영화 전체의 축소형이다. 따라서 우리는 시사뉴스 영화가 방금 방영된 개인 영사실에 들어와 있는 것이다. 책임자 롤스턴은 몽타주에서 공격할 측면이 부족하다는 것을 유감스러워하며, 이런 측면은 임종하는 침대 위에서 케인이 내뱉은 말에 불과할 수 있다고 결정하고 톰슨 기자에게 그 미스터리를 밝히는 책임을 맡기게 된다. 분명히 이 모든 것은 영화에 존재할 수 있는 계략에 불과하다. 영화적 시사뉴스 영화가 사건을 다루는 데 있어서 신속하게 텔레비전 뉴스를 대신할 수 있었던 당시의 현실에서, 편집장은 뉴스 방영이 1-2주일 늦어질 위험을 무릅쓰고 일간지들이 모두 해결하지 못한 수수께끼를 풀겠다는 유일한 희망에서 요행을 바라며 애틀랜틱 시티에서 플로리다 주로 기자 한 명을 급파한다. 우리는 이런 짤막한 장면(신)이 영화 전체에는 어울릴 수 있지만, 그 자체가 신문 잡지의 실천에 견주어 보아 정당화될 수 없다면 그것은 요행이 아니라는 것을 오슨 웰스에게 믿도록 해줄 수 있다. 마술에서 구경거리를 위해 여성을 실제로 토막으로 자를 수 없는 것처럼 기본 상황이 반드시 불가능할 수도 있다. 톱이 제아무리 잘 든다고 하더라도 그 어느 누구도 여인을 두 토막으로 자를 수는 없다. 더구나 첫 영화를 만들기도 전에 영광의 절정에 이르렀고, 개막의 신호로 자기가 가장 위대하다는 것을 입증하고 싶어했던 '신동' 오슨 웰스는 분명히 관객에게 불가능한 것을 인정하게 만들려는 그런 엄청난 도전을 즐기고 있었다. 우리는 감독의 방식의 핵심에 닿아 있는 동시에 작품의 중심에 와 있는 것이다. 케인의 이야기는 평생 자기의 진실을 받아들이게 하고 싶어했던 한 인간의 이야기이다. 그 진실은 감독이 주인공에게서 계속 박탈하고자 했던 것이다. 그것은 주인공이 타인들의 증언을 통해서만 드러나고 있기 때문이다.

## 여러 가지 증언들

첫번째 시퀀스에서는 죽음의 비밀에 몰두해 있는 고독한 케인의 모습을 보여 주고 있다. 두번째 시퀀스에서는 첫번째 시퀀스와는 대조적으로 시사뉴스 영화의 주인공이자 희생자인 공인으로서의 케인의 모습을 보여 주고 있다. **세번째 시퀀스부터 우리는 증언의 순환 구조**로 들어간다. 누군가 말했듯이 이 영화에는 미약하지만 **로즈버드**와 관련되지 않은 서스펜스는 없다. 시사뉴스 영화 시퀀스의 결말은 어떤 의문도 불식시키지 못하고 있다. 롤스턴은 **로즈버드**에 대해 "그것은 아마도 아주 단순한 어떤 것에 불과하다"는 결론에 도달하기 이전에 케인과 잘 알고 있는 모든 사람들, 특히 번스타인과 수잔 알렉산더와 접촉할 수 있도록 기자를 파견한다. 이 프로그램은 충분히 존중될 수 있다. 그것은 어떤 조사도 수포로 돌아갈 수밖에 없는 필연적 귀결이다. 어느 누구도 로즈버드의 미스터리를 설명하지 못하고 영화는 끝난다. 여전히 관객은 이해하지 못하고 있고, 서스펜스의 여지도 없다. 우연히도 마지막의 경우를 제외하고 조사들은 실패할 수밖에 없다. 이런 도식은 거꾸로 전통적인 모델을 갖는다. 경찰 수사나 재판, 언론의 조사에 해당하는 조사영화에서 주인공은 이론적으로 진실 규명, 즉 느린 전개의 최종 단계에 이르는 증거 수집에 착수한다. 여기서 우리는 전체나 전혀 엉뚱한 영역에 이르게 된다. 조사가 첫 만남이나 두번째 만남에서 제

대로 이루어지지 않으면 분명히 결코 순조로울 수 없다. 이런 경우
가 생길 수도 있다.

영화의 세번째 시퀀스와 첫번째 증언을 이야기해 보자면, 수잔 알
렉산더와의 만남은 마치 감독이 노골적으로 처음부터 아무것도 알
수 없다고 단언하고 싶어하듯 짧게 끝난다. 그것은 다른 만남들을
위한 것처럼 한번 더 실행중인 트릭의 원리이다. 문을 더 잘 닫기
위한 발견의 가능성만 우리에게 비칠 뿐이다. 뉴저지 주의 애틀랜
틱 시티에 위치한 수잔의 카바레에서 시작된 조사는 자유의 종, 즉
국가의 발생지인 도시와 미국의 옛 수도 펜실베이니아 주의 필라델
피아에서 진행된다.

## 대처의 회고록

**네번째 시퀀스**는 늘 그렇듯이 앞의 시퀀스와는 '상반된' 구성이다.
쾌락의 도시, 애틀랜틱 시티를 권태로운 도시로 알려진 필라델피
아가 계승한다. 알코올 중독에 빠진 생존자를 위엄을 갖추고 조각
상처럼 되어 버린 죽은 자가 계승한다. 그 기억들은 영원히 간직된
다. 천한 계층에서 태어나 대수롭지 않게 된 처녀를 오만 속에서의
사회적 성공이 계승하고 있다. 케인과 함께 살았던 마지막 여인을
그를 만났던 첫번째 여인이 계승하고 있다. 모든 것은 이번이 마지
막이라고 믿도록 되어 있다.
우선 **상반 원리에 따라** 바로 앞의 시퀀스는 아무것도 부여해 주
지 못하기 때문에 그것은 논리적으로 무엇인가 시사하는 바가 있
다. 그리고 대처의 회고록의 미공개된 특성(그곳에서 새로운 발자취

를 찾거나 아니면 미공개된 것에서 찾거나), 텍스트에 불가사의한 것으로 꽉 채워진 것(전할 만한 것이 없다면 왜 유명인사의 회고록을 금고 안에 간직하고 있는 것인가), 원고 열람의 어려움, 이 모든 것이 수수께끼의 해답에 대해 생각할 여지를 남긴다. 바로 그곳에 수수께끼의 해답이 있기 때문이다. 오슨 웰스는 거의 처음부터 증인이 '증언하는' 것을 수락하는 첫 장면(신), 첫 플래시백, 즉 시사뉴스 영화가 일단 끝나고 나면 케인의 모습이 보이는 첫 장면(신)에서 정상적으로 오랜 시간 기대되고, 영화가 진행되는 동안 계속 찾으려고 헛수고하게 되는 열쇠를 우리에게 넘겨 주는 악취미를 보인다. 오슨 웰스가 케인 역을 연기하지 않은 유일한 시퀀스에서 로즈버드를 설명하려는 유머에 주목할 필요가 있다. 이것은 《시민 케인》에서 하나의 사실이 중요하면 할수록 그 사실은 점점 더 은폐된다는 것을 입증해 주는 것이다. 영화의 이런 단계에서 아무도 사전 지식 없이 사리에 맞게 답할 수 있다고 생각하지 못한다. 그렇지만 눈썰매 장면(신)은 두 번(항상 이중적)이나 언급되었다. 첫번째는 시사뉴스 영화가 상영되는 동안 의회에서 대처가 증언할 때이고, 두번째는 이곳에서 언급되고 있다. 이런 사실은 그때까지 보았던 것과 대조를 이루는 겨울의 눈 덮인 허름한 시골집의 영상들이 직접적으로 특히 감정적인 측면에서 귀중한 물건(케인의 막대한 재산 중에서 시장가치는 없지만 여전히 더 귀중한), 즉 케인이 침대 위에서 죽는 마지막 순간에 손에 쥐고 있던 눈이 내리는 듯한 광경이 비치는 유리공을 가리키는 만큼 더 많은 주목을 받을 수밖에 없다. 케인이 죽을 때 두 가지 사건(항상 이중적)이 일어난다. 하나는 **로즈버드**라는 말이 소리로 표현되는 것(입만 보이지만)이고, 다른 하나는 영상으로 깨져 부서지는 유리공이다. 이 두 가지 사건을 연결시켜 "로즈

버드는 눈 덮인 집이다(로즈버드=눈 덮인 집)"라고 생각하는 것이 당연할 수 있다. 그리고 이 부분의 시퀀스가 눈썰매를 타고 노는 어린 케인으로 시작해서 눈 속에 버려진 눈썰매로 끝나고, 뒤따르는 것과의 장면 연결이 눈썰매로 이루어지고, 눈썰매가 어린 케인과 관련된 유일한 소품이며 게다가 어린 케인이 당한 공격으로부터 자신을 지키기 위해 사용하는 소품이 될 때, 어린 시절의 하숙집을 발견하게 되면 "로즈버드는 눈썰매이다(로즈버드=눈썰매)"라고 생각하는 것도 당연할 수 있다. 그렇지만 이런 추리는 로즈버드라는 언술로부터 이론의 여지가 없기는 하지만 우리의 것일 수는 없다. 이것은 포의 《도둑맞은 편지》에서처럼 감춰질 수 없을 만큼 분명하다.

우리의 맹목적인 조사를 진행하는 동안 톰슨의 경우와 다를 바 없다는 결과가 되는 함정은 어디에 있는가? 부수적인 두 가지 요인과 한 가지 중요한 것이 제기될 수 있다. 첫번째 부수적인 요인: 아주 무지한 관객도 자신이 장편 영화를 보기 위해 영화관에 들어와 있고, 일반적인 수사 영화의 구성에 대해 잘 모르더라도 이런 이야기의 단계에서 자신이 예견하고 있는 설명을 들을 수 있기를 기대하지 않고 있음을 잘 알고 있다. (프리츠 랑은 《그럴듯하지 않은 진실》에서 놀랍게도 똑같은 함정을 파놓는다.) 두번째 부수적인 요인: 어린 케인이 부모와 억지로 떨어지게 되는 과정의 장면(신)은 대처와의 관계의 일부분에 불과하다. '전락'은 처음부터 나타난다. 그것은 현재의 모든 규범들을 혼란스럽게 만든다. 주된 요인이야말로 오프닝 시퀀스이다. 케인이 홀로 외롭게 죽어가지만 그 다음날 로즈버드는 모든 신문에 실리게 된다. 이것도 물론 두 번 이야기된다. 첫번째는 편집회의가 열릴 때이고, 두번째는 전화박스까지 톰슨을 배웅하는 수잔의 카바레 웨이터에 의해 이야기된다. 그와 반대로 눈이 내리는 듯한 광경이 비치는 유리공은 결코 언급되지 않는다. 그렇지만 카메라는 케인의 최후의 가정적인 증인을 대신하면서 우리에게 동등한 두 가지 실마리를 제공해 준다. 이런 증인은 존재한다면 부조화스럽더라도 같은 정보들을 알아야 한다. 그런데 이런 두 가지 정보 중 하나는 도중에 쓸모가 없어지게 될 수밖에 없다. 왜냐하면 기자는 기본적인 관계를 맺고 있고, 관객은 조사관과 동일시되는 데 익숙해진 상태여서 흡족하지 않은 관계는 맺지 않기 때문이다. 거기에는 양적인 것만큼 틈으로 존재하는 시나리오의 정교함에 대한 분명한 새로운 예가 있다. 그것은 퍼즐 맞추기에서 다음 조각의 선택을 결정지을 수 있는 빈 곳에 대한 연구이다.

네번째 시퀀스는 세번째 시퀀스와 상반된 것으로 볼 수 있다. 이제 네번째 시퀀스를 전체에서 살펴본다면 다른 시퀀스와 마찬가지로 이 **영화의 축소형**이 될 수 있다는 것을 알 수 있다. 이 시퀀스도 시작과 마찬가지로 사원의 문지기들과 맞설 수밖에 없는 톰슨으로 마무리된다. 두 극단에는 어린 케인이 부모를 잃는 부분과 나이 든 케인이 신문을 잃는 부분이 근접해 있다. 케인이 《인콰이어러》지에 대한 관심을 표명하고 이 신문에 뛰어드는 장면들이 중앙에 위치하고 있다. 따라서 중심축으로부터 주인공의 승승장구의 두 순간, 역경에 굴복할 수밖에 없는 다른 두 순간, 끝으로 도서관에서 기자의 모습이 보이는 두 순간이 마주치는 대칭 구조가 있다. 수평적으로 보면 이 시퀀스 역시 이중적인 대담의 이야기이다. 즉 그것은 대처와 서로 경계하는 부부(무기력한 남편, 남성적인 부인)의 육필 원고를 갖고 있는 기자의 이야기와, 대처가 포기하지 않았으면 아이를 직접 키울 수도 있었던 부부(무기력한 아버지, 남성적인 어머니)와 함께 있는 케인의 이야기이다. 이런 관점에서 궁여지책으로 대처의 회고록을 지키는 엄한 문지기에게 대처가 혹시 **로즈버드**가 아닌지 묻고 있는 유머스러운 표현은 문지기가 짓는 표정보다 더 근거가 없는 것은 아니다. 어머니의 위치는 소형 눈썰매의 위치와 거리가 먼 것은 아니다. (사실 상처를 주는 말이 될 수도 있는 진짜 유머스러운 표현은 종종 관객의 주목을 끌지 못하지만, 두꺼운 분량의 회고록 중에 단 60여 쪽만이 케인과 연관이 있고, 그 안에서 대처는 눈썰매의 이야기를 넌지시 비치는 방법을 찾고 있다는 사실에서 연유한다.) 요컨대 네번째 시퀀스를 결말짓기 위해서는 **반전이 계속되고 있다**는 것을 주목할 필요가 있다. 도서관의 웅장한 건물은 애틀랜틱 시티의 노후한 싸구려 카페와 대조적이고, 하숙집의 누추함은 도서관의 웅장함과 대비된다. 정교하게 만들어진 뉴욕의 눈썰매는 콜로라도의 조잡한 소형 눈썰매와 대조적이며(당연히 눈썰매는 일련의 이중성에서 망각되어서는 안 된다), 대처의 분개와 기차 안의 신문 표제의 코믹한 부분은 선행되는 것과 뒤이어지는 것의 비극과 대조적이다. 항상 속임수가 있다. 우리가 기록을 믿게 되는 순간 감독은 우리를 다른 곳으로 유도하기 위해 허를 찌른다.

시사뉴스 영화의 사설 영사실에서 롤스턴은 톰슨에게 말하길, "케인을 만난 적이 있거나 그를 잘 알고 있는…… 모든 사람들을 만나게. 번스타인이라는 그의 충신도…… 그의 두번째 부인도 만나야 해." 엘 란초 카바레의 전화박스에서 톰슨은 롤스턴에게 전화를 걸어 자신의 계획을 보고한다. "저는 애틀랜틱 시티를 제쳐두고, 내일 대처 도서관에 소장된 일기를 읽어보기 위해 필라델피아로 갈 겁니다……. 그래요 기대됩니다……. 그러고 나서 뉴욕에서 번스타인이라는 케인의 충신을 만날 겁니다……."

## 번스타인의 회고

우리는 **다섯번째 시퀀스**로 대처 도서관을 떠나 놀랄 것 없이 번스타인의 사무실에 와 있게 된다. 번스타인은 케인을 떠올리기 전에 일반적인 플래시백 방식으로 이어달리기처럼 증인에게 이런 말을 건넨다. "당신이 꼭 만나야 할 사람이 누군지 아시오? 바로 르랜드요." 당장 우리는 번스타인 그 역시 **로즈버드**에 대해 말할 수 있는 것이 아무것도 없다는 것을 알고 있고, 다음 대화자의 이름이 누구인지도 알고 있다. 오슨 웰스는 작품의 주제가 거기에 없다는 것을 끊임없이 상기시키기 위한 것처럼 새로운 전개의 모든 가능성의 기성 관념을 계속 없애 버린다. 너무 앞선 문제일 수도 있는 스타일의 이질성이 우리를 놀라게 만드는 것과 마찬가지로 **형성될 수 있는 케인의 이미지는 증언에 따라 바뀌고**, 게다가 영화의 프레임은 엄격하게 규정되고 사전에 인지된다. 퍼즐을 맞추려면 직선 부분에 틀을 만들 수 있는 가장자리의 조각들을 확인하는 것으로 시작한다. 놀이, 어려움은 그 다음에나 오는 것이다.

퍼즐이 완성됨에 따라서 이야기는 보다 흥미로워진다. 수잔과의 만남은 본부인의 명예를 실추, 파멸시켰던 케인이란 존재를 쓸데없이 피력하는 것으로 그쳤다. 은행가 대처의 회고록은 가련하고 아무 걱정 없는 태평스러운 3세의 주인공 아이를 드러내 보이면서 케인의 자금 관계를 전해 주고 있다. 어린 케인을 위한 자금은 존재하지 않지만, 청년이 된 케인은 마냥 즐거운 신문 사업 계획에 재산을 탕진하게 된다. 그 나머지를 예상하고 모험을 무릅쓴 채 재산을 포기할 수밖에 없게 된 노장의 케인은 20대의 모습에서 40대로 비약하게 된다. 우리는 케인의 《인콰이어러》지 경영 관리의 시작부터 에밀리와의 약혼에 이르기까지 10여 년간을 이야기하고 있는 번스타인의 증언을 통해, 케인의 직업적인 모험을 접하게 된다. 대처의 증언보다 길고 수잔이 대담을 거부하는 것보다 더 길었던 번스타인의 회상은 케인의 도착과 그가 감행한 표제 바꾸기, 편집과 발행인의 서약, 《크로니클》지 기자들의 매수와 뉴욕 언론계에서 《인콰이어러》지가 점유한 제1위를 기리는 축하연과 같은 신문사 생활의 많은 부분에 집중되어 있다. 다음 시퀀스의 전환점으로 이용된 해설의 끝부분은 케인과 에밀리와의 관계에 할애되어 있지만, 이 장면은 편집실의 시점으로 나타난다. 여기는 전체적으로 일관성이 있다. 결국 케인을 통해서만 삶을 영위했던 부인은 슬픔에 쌓인 채 홀로 남게 되고, 금융계의 거물은 돈만 생각하고 대립 상태로서만 케인을 떠올린다. 신문사의 총지배인은 직업상의 친구로서 케인에 대한 향수를 느끼고 있다. 심리적 진실이 존중되고 있다.

다섯번째 시퀀스에서 하나의 축을 중심으로 한 거울형 구조의 원리를 발견할 수 있다. 축하연을 시퀀스의 중심으로 삼는다면 그것은 케인이 뉴욕에서 가장 많은 독자를 확보하기 위해 신문사에서 밤낮을 보내는 과정과, 일단 그런 결과가 도달되고 이겨야 할 상대가 더 이상 없게 되자 케인은 윤전기가 돌아가도록 놓아두고 유럽 여행을 하고, 에밀리를 만나며, 서둘러 떠나기 직전 약혼 소식을 전할 때가 되어서야 돌아오는 과정이 놓임을 알 수 있다. 중심이 되는 장면(신)은 두 과정 사이에 속하기 때문에 중심축이 된다. 이 장면

(신)은 케인의 성공을 자축하는 장면이자 떠남을 예고하는 것이다. 이 두 과정은 번스타인이 증언하는 모습이 보이는 두 장면 사이에 놓여 있다. 고리 모양의 구성이 유지되고 있다. 시퀀스는 시작과 마찬가지로 번스타인의 사무실에서 끝난다. 번스타인은 다시 조사관에게 르랜드를 만나 볼 것을 권한다. 르랜드는 이제 관객과 친숙해진다. 번스타인의 이야기로 관객은 르랜드를 알게 된다.

## 르랜드의 증언

르랜드는 이제 직업적인 생활을 끝내고 선별된 개인적인 생활로 돌아와 있다. 이것이 시퀀스 중에서 가장 긴 르랜드의 증언(**여섯번째 시퀀스**)에 부여된 기능이다. 르랜드는 대처나 번스타인보다 케인과 더 가까웠던 측근이었다. 케인은 죽기 5년 전 르랜드에게 편지 한 통을 보내기도 했다. 그 편지의 답장은 없었다. 그때 이미 케인은 재너두 성의 은둔자였다. 자신을 정당화하기 위한 것이었을까? 관계를 다시 회복하려는 것이었을까? 헛수고였다. 르랜드의 증언은 돌이킬 수 없고, 일련의 실패일 뿐이다. 번스타인이 포기했을 정도로 이야기를 수정하며 패배한 케인이란 인물을 소개해야 하는 사람은 르랜드이다. 이것은 일치되지 않을 수도 있는데, 우선 에밀리와의 결혼 실패, 선거전에서 정적인 게티스에게 패배, 르랜드와의 우정 실패, 끝으로 수잔을 촉망받는 여류 성악가로 만들려는 시도에서의 실패이다. 정치적 계획에서 패배당하고, 수잔과의 재혼을 기대하면서 첫번째 사랑에 실패하고, 《크로니클》지가 행운을 맞던 날 (발행 부수가 《인콰이어러》지를 앞지르던 날) 언론계에서도 패배한 케인은 충동에 희생된 꼭두각시와 같은 존재가 되고 만다. 은밀하게 번스타인에 의해 소개된(번스타인이 **로즈버드**는 아마도 케인이 잃어버린 어떤 것일지도 모른다고 이야기할 때) 르랜드의 시퀀스를 관객은 **로즈버드**가 모든 것이거나 그 어떤 것일 수 있다고 이야기됨으로써 단념할 수밖에 없다. 발자취를 혼란스럽게 만드는 이런 주장이 주의를 환기시키는 이유가 된다. 소형 눈썰매가 단지 대처의 서술에서만 등장했다면, 대칭으로 르랜드의 서술에서도 대처의 이야기(같은 것인가? 유사한 다른 것인가?)에서 수잔이란 처녀의 방에서 언뜻 보이는 눈이 내리는 듯한 광경이 비치는 유리공을 발견할 수 있다. 그때 케인은 젊은 시절을 찾아서 가구들이 보관된 창고로 간다. 주의 깊은 관찰자는 이야기의 이런 점에서 케인의 가장 큰 패배는 어린 시절을 되찾을 수 없다는 것임을 분명히 알아챌 수 있다. 이것은 너무 명백해서 아무도 주목하지 않았다. 우선 케인은 가구 보관 창고에 가지 않았고, 수잔에게 내맡겼던 이전 작업도 성공을 거두지 못했기 때문이다. 그렇지만 거기서 아직도 관객은 전체적인 것을 분별하지 못하는 모습이다. 왜 그럴까? 요컨대 이유들은 대처의 시퀀스에서 진술되었던 것들과 유사하다. 무엇보다도 먼저 소스라치게 놀랄 수밖에 없는 것은 이야기의 전반부에 있다. 이때 관객들은 항상 마지막 부분의 설명을 기다린다. 그리고 눈이 내리는 듯한 광경이 비치는 유리공은 그리 단순해 보이지 않는 **로즈버드**란 말과 함께 깨지면서 시야에서 사라지고 만다. 그 작은 실물이 전체 이미지에서 하나의 구실이 될 수 있는 것은 아니다. 같은 크기의 장미 꽃봉오리 때문에 넋을 놓고 있던 관객들은 소리를 지를 수도 있다.

앞의 시퀀스들에 비해 여섯번째 시퀀스는 이중적인 특성을 보여준다. 오슨 웰스는 이러한 것이 눈에 띄지 않게 넘어가도록 모든 것을 만듦으로써 직접적인 증언을 이용하지 않는다. 대처와 번스타인은 자신들이 개인적으로 증인이었다는 사실만을 이야기할 뿐이다. 르랜드가 선거전에 참여했고, 선거날 밤에 신문사에 있었으며, 시카고의 오페라 개관식 때 참석했었지만 오슨 웰스는 그를 내실에 놓아둘 수 없어서 다른 장면(신)에서 그와 결별하게 된다. 르랜드는 에밀리와의 부부 싸움, 수잔과의 만남, 케인의 독신용 아파트에서 부인과 정부의 대면, 술 취한 것을 핑계로 시카고의 사무실에 케인이 온 것과 사장에 의한 기사 작성에도 관여하지 않았다. 이런 사건들은 처음 세 가지의 경우 공적인 영역(《크로니클》지를 읽는 것으로 충분해!)에서 연유하고, 네번째는 직접 르랜드가 이야기한 것이기 때문에 관객은 그가 이야기의 단편들을 놀라게 만들 수 있는 부분에 속하는 것들과 뒤섞어 놓은 것을 어려움 없이 이해할 수 있다. 그래도 오슨 웰스는 짧은 전환기를 제외하고 처음 선택에 충실하게 따르는 단편을 정리할 때 트릭 수법을 여러 번 사용한다. 또 다른 한편 여섯번째 시퀀스에서 오슨 웰스가 고리 형태의 구성(시퀀스는 르랜드가 담배를 얻으려는 것으로 시작해서 같은 것으로 끝난다)을 준수한다 하더라도 내적 구성은 예외적으로 시나리오 때문에 거짓 균형을 이루게 된다. 시퀀스가 7개로 분할될 수 있다고 가정하면 첫번째 부분(에밀리와의 관계 악화)은 조강지처와 관련이 있고, 두번째 부분(수잔의 유혹)은 후처와 관련이 있으며, 세번째 부분(선거전)은 정치와 관련이 있다. 중심부에 해당하는 네번째 부분에는 독신용 아파트에서 조강지처와 후처 · 정치가 동시에 만나게 된다. 그러고 나면 역행하게 될 수밖에 없다. 논리적으로 다섯번째 부분은 정치(선거 패배)와 관련이 있고, 여섯번째 부분은 후처(오페라)와 관련이 있다. 그와 반대로 르랜드는 후자(수잔의 공연평)와 연관되어 있을 뿐 케인의 조강지처와는 연관이 없다. 필연성을 미덕으로 만든 오슨 웰스는 결국 비참해진 케인에게 복수를 허용한다. 케인은 다른 모든 일들을 받아들일 수밖에 없게 되자 솔선하여 결별하게 된다. 수월한 승리는 결별 장면과 대조적인 장면에서의 실패를 좀더 강조할 뿐이다.

## 수잔의 회상

오슨 웰스는 한번 더 증인을 바꾼다. 르랜드의 마지막 몇 마디는 수잔에게 적용된다. 따라서 우리가 이제 이중성의 특징을 보이며 시작되는 장면(**일곱번째 시퀀스**)으로 되돌아가게 되는 곳은 수잔의 집이다. 시나리오의 차원에서 수잔이 이야기를 수정할 수도 있고, 르랜드가 그대로 놓아둘 수도 있다. 그러나 그것은 오페라 개관식 장면의 반복으로 이루어질 수 있다. 카메라 작동의 차원에서 유리로 덮인 지붕을 통해 카바레 안으로 들어가는 기발하면서도 폭넓은 카메라 움직임 때문에 관객은 이미 같은 방식으로 수잔의 집 안으로 들어와 있거나 거의 와 있다는 것을 기억하지 않을 수 없다. 처음에는 비가 내리고 있었다. 이번에는 마치 오슨 웰스가 해학적으로 카메라가 이미 유리로 덮인 지붕을 통과해서 피해를 입혔음을 알리고 싶어하는 것마냥 지붕이 깨져 있다.

예전의 여류 성악가로 하여금 증언하도록 만들기 위한 새로운 시도가 하나의 결과를 낳게 된다. 르랜드의 이야기는 사생활에 대한 것이었지만, 예술과 정치에 친숙한 한 사교계 인사에 의해 목격된 것이다. 수잔의 이야기는 가장 비관적인 자기중심주의에서 연유한다. 수잔은 행복해서, 그리고 행복을 위해 실질적으로 함께 삶을 영위하는 동안 케인을 소유했을 뿐이다. 따라서 이 시퀀스 전체는 남편에 대한 순종과 반항이 반복되는 일련의 순간에 불과하다. 수잔이 오페라 무대에서 노래를 부르고 웃음거리가 되는 것을 받아들이게 될 때는 바로 순종이지만, 그녀가 다음날 아침 케인에게 대들 때는 대수롭지 않은 반항이다. 그녀가 신문들의 한결같은 혹평에도 불구하고 무대에 다시 서게 될 때는 체념이다. 그녀가 자살을 기도했을 때는 반란이고, 재너두 성에 은둔하게 될 때는 포기 상태이다. 그곳에서 수잔과 케인의 동거가 어려워지게 되면서 버럭 화만 내는 결과를 초래하게 됨으로써 결국 두 사람은 결별한다. 10년에 걸친 길고 긴 수잔의 스토리는 세 번의 자살, 즉 예술적 자살, 육체적 자살, 부부의 자살에 대한 것이다. 마지막 실패는 여러 번의 자살 기도 중 어느것도 실제 성공할 수 없음을 의미한다. 수잔은 밤마다 두 번씩 삼류 카바레에서 계속 노래를 부른다. 그녀는 살아 있다. 수잔은 케인을 완전히 잊고 있지는 않다. 그녀는 죽은 자가 아니라 정확하게 말해 낙오자이다. 이렇게 톰슨이란 기자의 조사는 베일이 벗겨지지 않은 채 끝난다. 케인의 모든 측근들의 증언을 듣는 것으로 영화는 끝날 수밖에 없을 수도 있다. 이때 톰슨과 작별 인사를 하려던 수잔이 증언 가능한 새로운 대화자로 케인의 집사였던 레이먼드를 지목함으로써 영사기는 다시 돌아간다. 여기서 관객들은 결국 수수께끼의 실마리가 풀린다고 생각할 수 있다. 그 이름은 스토리의 불가피한 종결, 즉 끝난 이야기에 추가된 것처럼 너무 갑작스럽게 대두되었기 때문에 다른 사람들이 갖고 있지 않은 정보를 가질 수도 있다. 여전히 속임수이다.

# 레이먼드는 아무것도 모른다

레이먼드(**여덟번째 시퀀스**)는 긴 무성의 신(케인이 화가 난 장면)에서 수수께끼의 두 가지 요소를 다시 보여 주고 있다. 이 긴 장면(신)은 서막의 시퀀스처럼 **로즈버드**란 낱말만 내포하고 있다. 이와 같은 서막의 시퀀스 이후 처음으로 눈이 내리는 듯한 광경이 비치는 유리공에 주의가 집중된다. 그러나 레이먼드는 아무것도 모른다. 너무 늦었다. 자신이 찾고 있는 것을 더 이상 믿지 않을 정도로 미궁에 빠진 톰슨에게는 너무 늦었다. 퍼즐을 다시 맞출 시간이 없는 관객에게도 너무 늦었다.

카메라는 잡동사니 물건들을 쌓아둔 창고를 선회한다. 값진 물건들과 개인 물건들이 연속해서 비친다. 개인 물건들 중에는 《인콰이어러》지의 직원들이 선물한 트로피, 하숙집의 난로, 퍼즐도 들어 있다. 카메라는 계속 떠돌다가 이전의 물건들과 정반대로 이름도 밝혀지지 않았던 어머니와 아이의 초상화, 옆에 놓여 있는 소형 눈썰매로 다가간다. 난로는 값으로 따지자면 2달러에 불과하다. 소형 눈썰매는 그 정도의 값어치도 없다. 눈썰매는 불태워진다. 케인은 비밀을 무덤까지 가져가 버린 것이다.

에필로그: 잡동사니 물건들을 쌓아둔 창고, 불타고 있는 소형 눈썰매

# 주제와 등장인물들

성을 둘러싸고 있는 철책에는 '출입 금지'라는 게시문이 붙어 있다. 그렇지만 우리는 금방 끝없이 계속 이어지는 울타리를 넘어 도둑처럼 출입문보다는 창문을 선택해 아무도 모르게 대저택 안으로 들어간다. 금방 우리는 **금지의 상황**에 놓이게 되고, 필연적으로 **위반**하게 된다. 위반이지 도둑질은 아니다. 물질적 재산 중의 어떤 것도 우리의 관심을 끌지 못한다. 그렇지만 그 중 몇 가지는 상당한 가치가 있다. 유일한 것은 우리로 하여금 분명하게 인식하여 비밀을 밝히고 여전히 알 수 없는 누군가의 가장 내밀한 순간에 죽음을 당장 유도하는 것이 중요하다.

## 금지에서 위반으로

내면적으로 비밀과 그것을 밝히려는 조사와 연관되어 있는 위반이란 관념은 영화 전반에 흐르고 있다. 적어도 케인이 방금 재혼식을 한 시청의 계단 위에서 사진을 찍은 것은 그의 의지와는 상반된 짧은 순간이다. 수잔과의 연애 사건이 공개된 것은 케인의 의지와 상관없는 일이다. 노인이 된 케인이 그의 영지에서 휠체어에 앉아 자책하고 있을 때 카메라는 그가 눈치채지 못하게 분별없이 표정을 잡는다. 우리는 창을 통해 재너두 성 안으로 들어가고 난 뒤 애틀랜틱 시티에서 수잔을 만나려면 유리로 덮인 지붕을 통과하고, 전화박스의 문에서 이야기를 엿듣는 무례한 웨이터를 참고 받아들이며, 대처의 필사본을 보려면 출입 허가를 얻어 볼 수 있는 시간과 쪽수를 제한하는 집행관의 굴욕적인 조건을 받아들여야 한다. 주제의 핵심으로 돌아가기 전에 번스타인에게 그 자신의 감정적인 삶의 속내 이야기를 하나씩 꺼낼 수 있는 시간을 주어야 하고, 르랜드에게 금연을 강요하는 의사들에 대해 장황하게 따질 수 있도록 해주며, 이미 누구나 다 알고 있는 장면을 심기가 불편한 여인을 통해 들을 수 있는 기쁨을 맛보려면 여전히 유리로 덮인 지붕을 통해 수잔의 집으로 되돌아가야 한다. 이 모든 것은 탐욕스런 호텔 지배인의 조작된 고백에 모두 넘기고, 관객들이 아무것도 모른다는 것을 발견하기 위한 것이다. 금기를 어기면 벌을 받는다.

# 유 폐

게다가 안개 속에 어렴풋이 보이는 푯말을 바라보고 있는 우리는 어디에 있는가? 동물원이나 감옥의 경우처럼 위험하거나 불길한 내부로부터 자신을 지킬 수 있는 것이 외부일까? 아니면 은행이나 국가가 그럴 수 있는 것처럼 있을 수 있는 외부의 공격으로부터 자신을 방어할 수 있는 것은 내부일까? 부자는 두문분출한다. 그러나 그것이 전부일까? 오랫동안 이 사람은 1백여 명의 손님을 초대했다. 상황이 정말 달랐던 것일까? 시사뉴스 영화와 몇몇 순간은 예외적이지만, 의미 있는 외부 장면(소형 눈썰매 장면)만 담고 있는 이 영화에서 **유폐의 기호**들은 어디에나 존재한다. 여기서 원숭이들은 우리 안에 갇혀 있고, 도개교는 올라가 있다. 시사뉴스 영화는 누각들, 높은 담, 프랑스식 정원, 상자도 뜯지 않은 조각상들, 마굿간의 여러 필의 말, 철책 뒤편의 기린, 큰 새장 안에 갇힌 새들, 코끼리들, 고삐가 매여 있는 당나귀들만을 보여 주고 있다. 집념이 강한 사람만이 움직임을 제한받지 않는 듯하다. 아마도 그런 사람은 자체적으로 유폐되어 있다는 생각을 갖지 않을 것이기 때문이다. 그리고 유폐되어 있는 것은 금고 안에 들어 있는 대처의 필사본, 기숙사로 들여보내기 위해 어린애다운 놀이들과 부모와 강제로 헤어지게 된 케인, 르랜드가 어떻게 되는지 알지 못하는 번스타인, 의사와 간호사들에게 순종하는 르랜드, 게티스에게 그녀를 싱싱으로 보내겠다고 약속하는 케인이다. 수장은 자신을 감시하는 사람의 욕구에 따를 수밖에 없게 되자 재너두 성에 칩거하게 되고, 결국 재너두 성의 지하실에 무용지물이 되어 버린 물건들을 쌓아둔다.

감옥은 반드시 죽음으로 이어진다. 이것은 오슨 웰스가 주장하는 연역적 사고이다. 그는 같은 경향에서 변증법적으로 주장하길, 죽음만이 기억의 감옥을 시작으로 모든 감옥으로부터 구해 줄 수 있다는 것이다. 정문에 압도하듯이 위에 설치된 철테를 두른 장중한 K자는 얼마나 상징적인가! K자를 바닥에 떨어뜨려 산산조각내려면 그것을 둘러싸고 있는 원형 테를 제거하면 된다. 유리공 안의 눈 덮인 집의 경우도 마찬가지이다. 케인이 숨을 거두면서 유리공이

깨졌을 때, 집과 눈은 직접 만질 수 없었던 견고한 유리 코르셋에서 드러나게 된다. 이때 집과 눈은 더 이상 존재하지 않게 된다. "누가 누구를 유폐시키는가"라는 의문은 겉보기보다 더 복잡하다는 것을 알 수 있다. 행동적 자유주의가 결코 결점이 될 수 없었기 때문에 오슨 웰스가 억압을 선호한다는 의심을 받을 수 있는 것은 아니다. 그의 의도는 다른 측면에서 보다 고양되고 기본적인 것이다. 이것은 영혼(요컨대 **로즈버드**는 변모 중의 하나에 불과하다는)과 영혼의 감실로 사용되는 육체적인 외관이 유지되지 않으면 안 되는 불가분의 관계에서 추구되어야 한다. 케인의 본질일 수도 있는 심층적 진실의 추구가 우리를 무덤으로 인도하게 되는 것임에 놀라서는 안 된다. 재너두 성의 케인이 죽은 방에 아마도 앞으로 결코 영사될 수 없을 시사뉴스 영화가 이어지고, 그러고 나면 고인을 기리기 위해 설립된 도서관(대처 메모리얼 라이브러리), 측근들이 친구가 늙었다고 감히 말할 수도 없는 사람의 사무실, 친구가 말년을 보내고 있는 병원, 교통사고로 죽은 첫부인과 외아들을 잊을 수 없는 텅 빈 카바레, 실패로 끝난 선거전, 수장을 위해 지어졌지만 예술적 야망이 무산된 오페라가 이어진다.

## 케인의 태도

보통 소설에서와 마찬가지로 영화에서도 주제를 소개하는 것은 인물과 사건이다. 《시민 케인》에서 단 하나의 프레임이 **여러 개의 주요 모티프**의 전달체가 된다. 금방 거기서 몇 가지를 떠올리게 된다. 당장 권력·재산·권위의 모티프로 나타날 수 있는 다른 것도 있다. 시체가 되기 전 케인은 스크린을 꽉 채우는 거대한 표제의 케인이라는 인물과 크기가 똑같은 의기양양한 **K**와 같은 존재이다. 묘사적 객관성의 순서에서 이름이 오르는 것은, 영화의 앞뒤에 영화의 대위법과 같이 다른 화자(내레이터)들이 주장할 수 있는 것 이상으로 케인의 권력을 상기시켜 준다. 케인의 이름이 불리는 1백여 번(약간 적게)은 신문, 포스터, 상자 위에 붙은 이름, 광고판, 자막, 선거 구호, 넥타이핀과 같은 가능한 모든 형식들을 지니는 이름(종종 초상화)의 출현으로 이루어진다. **이런 이름의 소통**은 글쓰기의 소통과 같은 것이다. 요컨대 그것은 기자에게 가장 사소한 것이다. 케인이 25세에 대처에게 보낸 편지로부터 르랜드가 반세기 동안 답장하지 않은 편지에 이르기까지 발행인의 서약과 케인이 마무리지은 기사를 통해, 스크린에 시각화되어 있거나 읽을 수 있거나 **씌어 있는 텍스트의 해석**과 엄밀한 의미의 이야기의 해석은 헤아릴 수 없이 많다.

끝으로 **마지막 영상**은 우리가 늘 전혀 알 수 없는 그런 형상, **악의 형상**, 더 정확하게 말하자면 흡혈귀의 형상과 나란히 배열되어 있다. 케인은 해가 뜰 무렵 짙은 안개와 어둠 속에서 서서히 모습을 드러내는 고딕 양식의 성에서 홀로 죽음을 맞는다. 우리가 모든 것을 무릅쓰고 케인의 세계로 들어간다는 것은 《노스페라투》의 다리를 건너 유령들을 만나러 가는 것이다. 그것은 위험하다. 속담에 의하면 호기심은 위험한 결점이다. 《파우스트》에서와 마찬가지로 《시민 케인》에서 인식과 능력의 가치는 젊음의 희생이고, 낮과 자연환경과의 조화, 순진무구함의 포기이다. 《터부》(무르나우의 모든 것이 《시민 케인》에서 순간마다 존재한다)에서도 마찬가지이다. 문맥에서 로즈버드가 너무 엉뚱한 것과 마찬가지로 그 가치를 말해 줄 수 있는 것은 거대한 궁전과 눈 덮인 통나무집의 대비이다.

우리는 케인에 대해 모든 것을 알거나 거의 알고 있다. 우리에게는 그를 보는 것만이 남아 있다. 그것은 아주 짧은 숏들, 케인이 화자(내레이터)를 거치지 않고 직접 나타나는 유일한 숏들에서 생길 수 있다. 오슨 웰스의 육중하고 위엄 있는 육체가 침대 위에서 영면한다. 일반적으로 작품의 이런 측면의 심오한 독창성은 눈에 띄지 않는다. 25세에 개인적인 영화를 만들 수 있는 기회를 얻은 감독은, 누구나 그가 알고 있는 것을 이야기하고 현실이나 환상에서 15세나 20세를 소설화하는 경향(누벨바그의 시작 참조)이 있다. 오슨 웰스는 그의 노후와 죽음을 그린 유일한 사람이다. 거기서 배우의 가면에 대한 매력이 발견된다. 오슨 웰스는 이미 젊은 시절부터 노인 역을 맡은 바 있다. 그러나 그 자신이 1958년 9월 《카이에 뒤 시네마》와의 대담에서 언급했던 것처럼 "어느 한 인물의 역할이 맡겨질 때 자신이 아닌 모든 것을 제거하는 것으로 시작하지만, 결코 존재하지 않는 어떤 것이 맡겨지는 것은 아니다. 어떤 배우도 자신과 다른 것을 연기할 수 없다." 유년 시절에 대한 향수가 있는 아주 젊은 이 사람의 노년에 대한 성찰은, 아마 재능이 있고 조숙하기도 한 사람에 의해서만 영화로 만들어질 수 있을 것이다. 오슨 웰스는 항상 나이에 비해 10년은 더 늙어 보였다. 기적처럼 신기한 것은 그런 영화가 오늘날에 와서 이 사실을 알게 된 사람들에게 거슬리지 않는다는 사실이다. 오슨 웰스의 육체는 사실상 감독 자신이 예견했던 것처럼 되어 버렸다.

# 케인의 모델들

우리는 케인을 알고 있다. 그러나 진정 그는 누구인가? 이런 질
문에 첫번째 시퀀스는 관념의 영역에서 하나의 대답을 가져다 준
다. 두번째 시퀀스는 사실의 영역에서 하나의 답을 가져다 준다. 사
실로 넘어가자. 뉴스 해설자들은 첫번째 모델이 오슨 웰스 자신이
라는 것을 종종 망각한 채 오래전부터 **누가 케인의 모델로 이용되
었는지** 의문을 품었다. 이런저런 특징 때문에 농기구 재벌 해럴드
매코믹, 뒷전의 인기 여배우의 피그말리온과 같은 사람을 예로 들
기도 한다. 《아카딘 씨》의 모델이 되는 무기밀매상 바실 자하로프,
부인인 여배우 호프 햄프턴(1902년생으로 1920-1926년까지 8편의
영화에 출연했고, 1938년 마지막으로 영화에 출현한 바 있는 여배우)
을 여류 성악가로 만들고자 고집했던 코닥 회사의 사장 쥘즈 브룰
래투어, 시카고 오페라에 버금가는 오페라극장을 건설하게 했던 새
뮤얼 인슬(수잔의 공연평을 쓰는 데 열중하고 있는 르랜드의 모습에
서 인정해야 할 것은 허먼 J. 맨케비츠의 화신이다. 그는 1925년 10월
23일자 검열로 삭제된 《타임스》지 기사에서 인슬의 부인 레이디 티즐
을 혹평한다)과 같은 인물들을 예로 들기도 한다. 그렇다고 해서 반
드시 거짓일 수 없는 이 모든 것은 케인이 수잔을 만나기 이전에 피
그말리온의 환상이 존재했었다는 것을 간단하게 입증해 준다. 하워
드 휴스(1905-1976)가 언급되었을 때, 우리는 이미 케인의 심리적
진실에 바짝 다가가 있는 것이다. 케인처럼 칩거한 채 생을 마감해
야 했던 이 심각한 정신착란증 환자는, 18세에 재산을 상속받아 그
것을 엉뚱하게도 웰스의 아버지라면 마음이 내키지 않았을 발명품,

즉 그 자신이 느끼지 못했던 매력에 아름다움까지 더해지는 영화제
작자가 되어 영화산업에 서둘러 투자하기도 했다.

그러나 케인의 진정한 모델은 당시 알려진 바대로 한 사람을 택
한다면 8개의 라디오 방송국과 아울러 총 1천8백만 명의 독자를 확
보한 28개의 신문과 13개의 잡지를 소유하고 있던 윌리엄 랜돌프
허스트(1863-1951)이다. 오늘날 역사가들(영화는 지시 대상 없이도
이루어진다)에 의해서만 관심의 대상이 된 당시의 모든 논쟁들은,
나이 어린 신동이 감히 나이 든 거장을 공격한다(1941년 그를 죽게
만들 정도로)는 사실에 집중되어 있다. 허스트 언론 그룹을 양치기
소년에서 양치기 소녀로, 아니 오히려 《크로니클》지에서 《인콰이어
러》지라는 말로 대응시키고 있는 것이다. 오슨 웰스가 신중을 기하
기 위해서(허스트의 샌시미언 성이 캘리포니아 주에 위치하고 있는 반
면, 재너두 성은 플로리다 주에 있다)든, 시나리오를 탄탄하게 만들
기 위해서(허스트의 아버지는 상원의원이었으며, 허스트는 19세가 되
어서야 부모를 떠났고 부모들을 계속 만날 수 있었다)든 허스트의 생
애의 사실적인 부분을 어느 정도 바꾸었다고 하더라도 본질적인 부
분은 존중되고 있다. 금광을 유산으로 받았던 허스트는 이익금을
신문에 투자했다. 특히 그는 샌프란시스코의 《이그재미너》지를 헐
값으로 사들이게 되면서 하버드대학교에서 퇴학당하고, 가능성도
없는 뉴욕 주지사 선거에 출마하여 2백만 달러를 허비한다. 그는
소풍을 좋아했고, 스페인전에 미국의 참전을 위해 거의 혼자만 전
적으로 투쟁하고, 대통령 관저로 달려가 루스벨트 대통령에게 거금
을 출자한다. 1917년 허스트는 서른네 살 연하의 금발의 여류 스타
마리온 데이비스(1897-1961)를 만나, 그녀를 할리우드의 유명 스타
로 만들 결심으로 그 이력에 직접적인 관심을 쏟게 된다. 그녀를 위

해서 허스트는 코스모폴리탄픽처스 영화사를 설립하고, 그의 언론 왕국을 이용한다. 이런 후원에도 불구하고 퍼즐을 즐기는 이 젊은 여인이 출연한 영화들은 모두 실패하게 된다. 나머지는 영화감독들의 창작 영역에 속한다. 마리온 데이비스는 유성 영화에서 거의 성공하지 못했지만 능력이 뒤떨어지는 여배우는 아니었다. 세상이 모두 아는 사실이지만 허스트의 부인이 이혼을 거부했기 때문에 공인된 것은 아니었던 허스트와 데이비스의 관계는 공공연하게 오랫동안 지속되었다. 허스트의 언론 왕국이 1930년대 중반 심각한 경영난을 겪고 있을 즈음 유명해진 마리온 데이비스가 자금을 출자하기도 했다. 그녀는 1937년 영화계를 떠나 나머지 여생을 사려 깊은 사업가로 보내게 된다. 이런 상세한 내용들은 허스트의 노여움을 더 잘 이해할 수 있도록 마련되었을 뿐이다. 그때 허스트는 《어둠의 한가운데》(1899)를 영화화하는 데 실패했던 풋내기 오슨 웰스가 《어둠의 허스트》, 즉 《시민 케인》을 영화화하게 되었다는 것을 알게 되었다. 분노는 그들의 의지와 관계없이 두 사람(마리온 데이비스가 가장 사랑하는 조카인 시나리오 작가 찰스 리더러는, 오슨 웰스의 첫번째 부인 버지니아 니콜슨과 그 얼마 전 결혼한 상태였다) 사이에 생긴 간접적인 관계로 커지고, 허스트가 영화의 핵심이 **로즈 버드**라는 것을 알았을 때 절정에 이르게 된다. 로즈버드는 허스트가 정부와의 친밀감을 나타내기 위해 비밀리에 사용하곤 했던 달콤한 말이었다.

# 신화에서 현실로: 'K'라는 약자

허스트는 전설로 남겨두고, 케인의 이야기로 돌아가기로 한다. 시사뉴스 영화의 시퀀스는 그것이 내포하고 있는 전기적인 요소들 이외에도 종종 공리주의(최소의 시간에 최대의 정보를 제공하기 위해서만 존재할 수 있는 시퀀스)라는 구실로 무시될 수도 있지만, 기묘하게 서서히 첫번째 시퀀스에서부터 제시된 주제를 다시 언급하고 그것을 다시 시작한다. 케인의 성은 악의에 찬 식인귀(오그르)가 영원히 잠들어 있는 동화 속의 궁전과 같은 것이었다. 신화를 구실삼아 현실로 이행된다. 영어권의 초등학생들이면 누구나 다 아는 새뮤얼 테일러 콜리지가 꿈꾸다가 미완성작으로 남겨 놓은(재너두 성이나 오슨 웰스 영화의 대부분과 마찬가지로) 시 〈쿠빌라이 칸〉은, 케노샤(Kane-Osha로 발음)[1]에서 태어난 감독의 영화에서 K라는 글자의 중요성을 강조하는 데 첫번째 역할을 한다. 조지프 콘래드(Konrad로 발음) 소설의 주인공은 이름이 커츠이다. 콜리지(Koleridge로 발음)의 작품에서 학술서의 쿠빌라이 칸은 커블라 칸이 된다. 거리에서 케인의 초상화가 불태워지고 있는 장면에서 쿠 클럭스 클랜(KKK)을 생각하지 않을 수 없다. 케인과 14세기 몽고의 정복자 쿠빌라이 칸과 미국의 파시스트 당원들 사이에는 유일한 공통점으로 지배력과

---

1) 인구는 약 9만 1천6백 명(2001)이다. 케노샤 군의 군청소재지이며, 시카고에서 북쪽으로 80킬로미터 지점에 있는 파이크 강 어귀의 미시간 호수 부근에 있는 항구이다. 1835년 뉴잉글랜드에서 온 이주자들에 의해 건설되어 처음에는 파이크 크리크로 불렸다. 그후 사우스포트로 불리다가 1850년 포타와토미어로 이 지방에서 많이 서식하는 '꼬치고기'를 의미하는 지금의 이름으로 바뀌었다. 〔역주〕

선거 유세장의 케인

확장력 · 파괴력을 상징하는 K라는 글자가 있다. 케인이 수잔의 방을 엉망으로 만드는 장면에서 절정기에 우리가 발견할 수 있는 것은 억제하고 싶은 충동이다. 이 장면은 어쩔 수 없이 똑같은 유명한 다른 장면으로 《시민 케인》보다 7년 전에 만들어진 《킹콩》[2]의 분노를 떠올리게 만든다. 오슨 웰스는 나중에 《아카딘 씨》(Ar-K-din), 《돈키호테》(Ki-Chotte), 주인공의 이름이 요제프 K인 카프카의 소설 《심판》(1925)을 언급하게 된다.

킹콩에서 풍자적인 '시민'으로 가장한 킹 케인에 이르기까지 별로 다를 게 없다. 죽은 자의 지위를 찾으려면 폭군(쿠 클럭스 클랜)이나 황제(쿠빌라이 칸), 왕의 지위를 뛰어넘는 것으로 족하다. 오슨 웰스는 1958년 9월 《카이에 뒤 시네마》와의 대담에서 시종일관 이렇게 주장하였다. "알다시피 프랑스 고전 연극에는 항상 왕의 역을 연기하는 배우들과 그렇지 못한 배우들이 있었다. 나는 왕의 역을 연기하는 배우에 속한다. 나의 개성으로 보면 그럴 수밖에 없다. 따라서 자연스럽게 나는 항상 우두머리 역이나 유난히 몸집이 큰 사람의 역을 연기했다. 나는 항상 본래의 모습보다 더 클 수밖에 없다. 이것이 나에게 있어서 하나의 결점이다." 군주의 위치에서 신의 위치에 이르기까지 별로 다를 바가 없다. 케인이 파라오에 비유되고, 재너두 성이 피라미드 이래 가장 값진 유적으로 규정된다고 하더라도 그것은 우연이 아니다(《시민 케인》에서 우연은 아무것도 없다). 이집트의 고대 지배자들은 세속적 권력과 종교적 권능이 분명치 않았던 문명에서 신과 같은 존재였다. 케인의 환각 중에서 신에 대한 환각이 가장 중요하다. 케인은 전 세계를 소유해서 자기가 원

---

2) 쿠퍼와 쉐드삭이 1933년에 만든 영화. 〔역주〕

하는 모습으로 만들고 싶어한다. 그러나 케인이란 신은 인간에게 자유 의지를 부여할 수 있는 자유의 신은 아니다. 케인은 의식을 강조하여 스토리의 진행을 결정하고자 한다. 케인은 사랑받기를 원하고, 더 나아가 존경받기도 원한다. 그는 거기서 실패하고 전락한다. 세부적으로 들어가 보면 여자가 그를 파멸로 이끈다(얼마나 인간적이고 진부한 상황인가!). 요컨대(더 인간적이고 진부한 상황) 그는 죽는다. 신의 속성 중에서 가장 중요한 불멸성이 그에게는 없다. 유지될 수 없는 신의 위치("인간은 자신보다 더 위대한 무엇인가를 인정하지 않는 한 위대해질 수 없다고 생각한다"—오슨 웰스의 《카이에 뒤 시네마》와의 대담에서)는 그에게 구상대로 세계를 재구축하고 사람들을 웃거나 울고, 살거나 죽으라고 명령할 수 있는 능력을 소유한 불완전하나마 조물주와 같은 연출가의 위치로 남겨 놓는다. 오슨 웰스는 이런 위치를 케인에게 맡기지 않았다. 그는 그것을 확보해 두었을 뿐이다.

시간을 살 수는 없었기 때문에 케인은 물건들을 수집하고, '세계를 강탈'하기 시작한다(시사뉴스 영화의 해설자에 의해 사용된 간혹 가혹한 방식이 프랑스 자막에는 나타나지 않는다). 근거 없는 시사뉴스 영화인가. 케인은 물건들을 투자 목적으로 사거나 보여 주거나(그가 획득한 유럽의 예술품들은 모두 10개의 미술관을 채울 수 있을 정도지만 포장도 뜯지 않았다) 자신이 보기 위해서(대부분의 조각상들은 상자에서 꺼내 놓지도 않은 상태이다) 사지 않았다. 그는 단지 쌓아 놓기만 했다. 상속 재산을 모두 열거해 보면 양으로 계산해 약 10만 그루의 나무, 무게로 2만 톤, 가장 고가의 동물들이 있다. 케인의 행실이 더 바람직한 것은 아니지만 양적으로 많다. 부모와 함께 살았던 어린 시절 케인은 불편하게 살았지만(빈곤한 가정, 엄격한 어머니, 난폭한 아버지) 행복했다. 따라서 그는 잘 살았던 셈이다. 어른이 된 케인은 여성 편력이 있고(앞서 여러 번 이야기된 바 있다), 동물들과 예술품을 수집한다. 어린아이의 속성이 많은 것을 원하지 보다 값진 것을 원하는 것이 아니라는 점을 인정한다면, 역설적으로 말해 이것은 유아적인 어른의 반응이다. 케인은 어린아이로 남아 있고, 이런 분명한 경우에 도가 지나칠 정도의 약함, 즉 멕베스와 오셀로, 아카딘 씨와 퀸랜(《악의 손길》의 등장인물)과 같이 셰익스피어의 극중 인물의 약한 모습이 문제라 해도 케인에게도 약한 모습이 있다. 케인은 아주 약한 사람이다. 시카고 오페라의 첫 공연 이후 케인이 그의 신문사로 가서 르랜드의 원고를 끝낼 때, 카메라는 관객에게 타자기 앞에 앉아 스크린에 클로즈업된 글자로 형용사 '약한(weak)' 이라고 한 단어를 치고 있는 케인의 모습을 보여준다. 아무도 '약한' 이라는 형용사가 한 글자를 더해 케인의 글자 수수께끼[3]가 됨을 지적하지 못한 것 같다.

# 이중적 인물, 케인

찰스 포스터 케인은 강한 듯하면서도 약하고, 능력이 출중한 듯하면서도 보잘것없는 그런 사람이었다. 장례식 장면(무덤에 비해 아주 조촐한)에 이르기까지 영화는 케인의 모습을 내면에서는 허물어트리면서도 외견상 당당한 그의 모습을 유지하려고 많은 노력을 기

---

3) 글자의 철자를 바꿔 놓음으로써 형성되는 단어. 예) Marie→ aimer, ancre→ nacre. 〔역주〕

울인다. 신문의 큰 표제 장면부터 이런 거짓 일치는 인물의 이중적인 시각에 여지를 남겨 놓음으로써 《지킬 박사와 하이드 씨》를 나타낸다. 케인은 훌륭한 시민이지만 약간 후회는 남고, 한편으로 파시즘 신봉자로 비치고 또 다른 한편 민주투사로 비쳤으며, 1898년에는 간섭주의자였고, 1919년에는 불간섭주의자가 되었으며, 선거전에서는 거의 미국 대통령이 되는 듯하더니 며칠 후 뉴욕 주지사도 당선되지 못했고, 수백만 독자를 설득시킬 수 있지만 1935년 전쟁을 예견할 수 없었던 언론인이었다. 왕좌를 마련해 두기 위해서 하나의 산을 건설하게 한 과대망상증 환자이면서 성채를 미완성으로 남겨둔 괴짜 케인은 항상 신이었지만 야누스와 같은 신이었다. 케인은 이론상 조화될 수 없는 극단을 융화시키려는 조그만 시도에서 이렇게 소리쳤다. "나는 단지 미국인의 한 사람에 불과하다." 소용없는 일이다. 《시민 케인》은 위장된 자리에 모순을 제기한, 즉 마르크스가 사회 형태의 전반적인 변화의 원동력이 된다고 상기시킨 바 있는 모순을 제기한 영화이다. 이런 적대 관계의 진술에서 복잡한 개성에 이끌린 심리분석의 결과를 알아보려는 것은 잘못이다. 다른 여러 가지 증언들로 드러난 수많은 측면으로 이런 결과가 야기될 수 있다. 이런 단계에 오슨 웰스는 단순히 작품의 구조 자체(이미 살펴본 바 있는)로 되돌아올 만큼 **중요한 주제**, 즉 **분신**의 주제를 도입하고 있을 뿐이다.


# 첫번째 분신, 톰슨

우리는 시사뉴스 영화에서 가해진 첫번째 대립으로 만족하지 못한다. 《3월의 뉴스》 역시 그렇다. 이 모든 것은 두께가 없다. 케인은 롤스턴에 의해 제기되고 가까스로 강조된 이름을 예로 들어 허스트와 어떻게 다른가? 이런 짧은 시퀀스의 종말이 영화를 궤도에 올려 놓는다. 한편 감독이 해준 "한 사람이 만든 것을 말해 주는 것으로 충분하지 않다. 그가 왜 그것을 만들었는지 말해 줄 필요가 있다"는 조언과 함께, 다른 한편 이제 작품의 방식이 될 수 있고 로즈버드의 미스터리를 풀어 줄 수 있는 것을 기록함으로써 말이다. 여기서 케인의 첫번째 분신, 톰슨이 나타나게 된다. 톰슨은 케인과 마찬가지로 신문기자이다. 그의 임무는 《인콰이어러》지라는 신문사 사장에 대해 조사하는 것이다. 말하자면 그는 조사원이다. 《시민 케인》과 다른 영화에서라면 톰슨은 주인공이었을 것이다. 오슨 웰스는 톰슨을 단순한 허구적인 연동 장치, 즉 촉매 역할을 하는 인물로 만드는 것을 즐기고 있다. 금방 알 수 있듯이 톰슨은 케인과 대조적인 인물, 즉 얼굴을 끝까지 드러내지 않고 실속 없이 열심히 일하는 사람(그렇다고 감수성이 없는 것은 아닌 사람)에 불과할 뿐이다. 오슨 웰스가 《시민 케인》을 만들기 2년 전 라디오에서 해설한 바 있는 불가시성 덕택에 장본인들을 제압할 수 있는 이 심판자는 그림자가 될 수도 있을 것이다. 이 사람은 추적하는 데 실패한 보잘것없는 고용인에 불과하다.


## 케인의 적대자, 대처


시간이 지나서야 기회를 얻게 되는 수장은 제쳐두기로 한다. 다음 인물은 아마도 오슨 웰스가 케인만큼 뿌리 깊은 반감을 품었던 유일한 인물일 수 있는 대처이다. 작품에서 전체적으로 무표정하고 흠이 없고 인간미가 전혀 없는 사람으로 비치는 대처는, 케인이 싫어하는 모든 일들을 행한다. 이런 의미에서 그 역시 케인의 적대자이다. 그는 돈이 최고의 가치라고 믿는 자신만만한 사람이다. 대처를 통해 **오슨 웰스는 은행을 나라의 지혜의 지주로 삼는 사회 체제를 비판하고 있다.** 오슨 웰스는 자본주의의 위력을 믿지 않는 사람이다. 그렇다고 해서 그것이 당시 유일하게 소련에서 행해지고 있던 사회주의의 위력을 더 신뢰했음을 의미하지는 않는다. 오슨 웰스는 새로운 시도 정신, 즉 개인주의의 어떤 형태(예를 들면 사람에 의한 사람의 탐구로 알 수 있는 것이 아무것도 없는 창작자의 형태)에 대한 취향이 너무 강했기 때문에 계획화로 개인의 결정권이 억제될 수도 있는 집단주의적 신조를 자기의 것으로 만들 수는 없었다. 케인과 달리 신격화된 지위가 없는 영화(결코 논의될 수 없는 유일한 문제인 종교적 문제)에서 신격화된 달러나 아버지보다 신격화된 정당을 위한 공간이 더 많지는 않다. 은유적으로 어머니와의 육체적 결합이 가능하게 해주는 감정 전이가 이루어지도록 수잔과의 만남을 기다려야 한다면, 이제 대체 방식으로 상징적인 아버지의 살해(대처의 면전에 던져진 눈썰매, 그것을 눈 속에 떨어지도록 놓아두는 대처)가 생길 수 있는 때이다.

아버지와 은행을 연결시키는 프로이트식의 장면(신)은 여러 증인들 중 대처만이 회고록을 감춰둔 채, 그것도 금고 속에 넣어두고 사실상 죽은 유일한 사람이라는 것이 일단 확인되었기 때문에 반향을 일으킨다. 마음속에 간직된 어린 시절의 장면이 대처의 기억 속에 있는 것은 당연하다. 역설적으로 대처는 이와 같은 증인들 중 사생활 문제에서 가장 동떨어진 인물이다. 그는 자신의 생활에 대해 한 두 가지 개인적인 평가를 내리기 위해 케인에 대한 비밀들을 이용하지 않은 유일한 사람이다. 은행이 기분 나쁜 것은 아니다. 결과적으로 대처는 **로즈버드**를 알아내지 못한다. 그렇지만 사실상 그는 수수께끼를 직접 풀 수 있는 유일한 인물이었다. 대처와 시퀀스의 연결로 연장되고 과장된 모티프인 케인의 일련의 끝없는 대립 중 첫번째만 기억할 때, 아무도 번스타인과 르랜드가 소형 눈썰매의 이름을 분명히 기억하고 있었을 것이라고는 의심하지 않는다.

은행에 대한 반감 역시 **아버지에 대한 반감**이다. 손수 아이에게 눈썰매를 주는 장면이 입증해 주듯이 대처는 사랑을 모르기 때문에 아버지가 될 수 없다. 은행은 케인의 재산을 위탁 관리하고 이윤을 챙기는 데 급급할 뿐 애정으로 그의 후견인 역할을 보장할 수 없다. 이것 때문에 케인은 평생 동안 대처를 비난하게 된다. 사람들이 요구해 오는 사회적 동화를 케인이 거부한 것도 가족과의 생이별에 대한 앙갚음이다. 일종의 사건으로 그의 재산에서 드러나게 되었지만, 케인이 세상에 알려지지 않은 일간지의 운영을 즐기고 싶다는 입장을 표명하게 된 것도 바로 어린아이 같은 도전이다. 그가 소유하고 있는 신문에서 나름대로 권력을 형성하고 있는 재벌을 공격한 것도 도전이고, 미국의 자본주의 토대를 이루고 정당화한 도덕적 가치를 지키면서 엄숙한 표제를 센세이션을 일으킬 수 있는 신문으로 변화시킨 것도 여전히 도전이다. 여기서 케인의 이중성을 다시 발견할 수 있다. 케인은 자기 소유의 재산을 포기하지 않는다. 그는 투쟁하고 손실을 막을 수 있는 장치를 마련하기 위해 재산을 이용한다. 케인에게는 오슨 웰스가 그만큼 좋아했던 수많은 셰익스피어의 주인공과 마찬가지로 파멸을 초래하는 **심연의 유혹, 즉 근원에 대한 유혹**이 있다. 이것은 몰락이 없었다면 위대함이 화려함에서만 나타날 수 있고, 비극은 거리 연극에서만 탄생될 수 있다는 몰락의 전조이다.

# 케인의 부모

대처가 등장하는 시퀀스의 첫 부분에는 이야기에서 거의 등장하지 않지만 작품을 이해하는 데 중요한 두 인물, 케인의 부모가 등장하는 단 한 장면(신)이 있다. 사실 시사뉴스 영화가 상영되는 동안 짤막한 두 숏이 중요한 부분을 가리킨다. 첫번째 숏은 타원형의 프레임 안에 어머니의 품에 안겨 있는 어린 케인의 모습을 보여 준다. 반면에 아버지는 사진에 들어 있지 않다. 영화의 후반부에서 불태워지는 소형 눈썰매 옆 사각 프레임 안에 비슷한 사진이 한 장 놓여 있다. 두번째 숏은 하숙집의 영상으로 콜로라도에 버려진 누추한 집이 어머니의 소유였다는 것을 '케인 부인의 하숙집'이란 간판으로 아주 분명하게 보여 준다. 한마디로 **어머니는 애정적 영향력과 경제력을 겸비하고 있다.** 삶에서 기회라는 것을 잡도록 자식을 부모에게서 떼어 놓는 가장 어려운 결정을 포함한 여러 가지 결정을 어머니가 내린다. 케인을 세계에서 가장 부유한 사람 중의 한 사람으로 만들게 되는 뜻하지 않은 유산에 직면해 실존의 두 가지 개념이 대립된다. 한편 아버지는 존재하지 않는다는 여러 가지 관점(아버지는 이름도 없다)에서 보면 전통적인 가치(가족과의 친화)를 중시하는 성격의 소유자이다. 이런 측면 때문에 아버지가 자기 방식대로 아들을 사랑하는 데 방해받지는 않는다. 다른 한편 상냥한 어머니 메리 케인은 자신의 선택 때문에 괴로워한다는 것을 느낄 수 있다. 어머니는 아메리카의 개척자적 가치를 구현하고 있고, 자식의 행복을 보장해 주고, 모험가들의 시대(콜로라도의 인구 증가는 8년 전 덴버 지역에서 그린 러셀이 금광을 발견하게 되면서부터 시작되었다)에서 월 스트리트(재원)와 파크 로우(언론)의 시대로 바꿀 수 있도록 희생할 준비가 되어 있다. 상징적 인물(재치 문답은 바라는 바가 아니라고 하기에는 너무나도 분명하며 은폐되어 있다. 어머니의 이름은 실제로 한번도 불린 적이 없기 때문이다)로서 메리 케인은 미국 여인이다. 케인은 어머니의 자취에 가까워질 때 어린 시절을 되찾으려고 애쓴다. 또한 그는 증권 시세의 급등시나 급락시에 투기하는 상속자들의 미국이 아니라 몰락한 미국, 19세기의 미국, 어깨 위에 보따리를 메고 콜로라도에 여인숙을 열기 위해 떠났던 개척자들의 미국을 되찾으려고 애쓴다. 케인이 수잔을 만난 것도 바로 그때이다.

## 헌신적인 협력자, 번스타인

톰슨의 조사 중에 대처와 르랜드 사이에 위치한 번스타인의 증언은 어느새 쌍방 소통이 가능한 일종의 다리가 된다. 대처는 도서관에 대형 초상화를 소장하고 있었다. 번스타인은 사무실에 케인의 초상화를 소장하고 있었지만, 르랜드는 그 어떤 초상화도 가지고 있지 않다. 번스타인의 사무실은 대처의 장중한 영묘와 르랜드의 공립 병원 사이에 중개 장소를 나타낸다. 번스타인은 《인콰이어러》지가 2만 부를 찍던 초창기에 총지배인으로 시작해서 직장 생활의 용어로 이사회 의장에 오른 인물이다. 그것은 큰 자본도 아니고, 보헤

신문사에서의 번스타인과 케인

미안이라는 것과도 거리가 멀다. 영화의 정중앙에 위치한 시퀀스에서 기대했던 것은 **균형점**이다.

번스타인은 그가 좋을 때나 나쁠 때나 늘 추종했던 케인의 친구가 아니라 헌신적이고 사심 없는 가까운 협력자였고, 성공의 영광스러운 순간들만 기억하고 싶어하는 자의 미화된 모습을 보여 주는 동료이다. 번스타인은 케인을 그가 약 반세기 전 엇갈려 평생 잊지 못했던 소녀처럼 기억하고 있다. 그는 케인이 죽은 다음날 수잔을 오도록 부른 유일한 사람이다. 그는 방탕한 생활을 즐기고, 과도한 문제를 제기하지 않는다. 마지막으로 번스타인은 유태인(1941년의 영화에서 주목을 받았던 문제)이다. 케인은 가장 나쁜 결점을 가진 사람일 수 있지만 유태인 배척주의자는 아니었다. 이번만은 역시 유태인 배척주의자가 아니었던 허스트에 대한 드러나지 않는 경의였다.

겸손하고 신중한 번스타인은 다른 사람들을 이야기하도록 놓아 두는 사려 깊은 증인이다. 고로 한때 케인의 진정한 친구였던 르랜드를 소개한 사람이 번스타인이라는 점이 놀라울 것도 없다.


## 케인과 르랜드, 또는 대립 관계

화자가 톰슨이라는 기자와 함께 등장하는 이야기의 시작과 끝에서 바뀌는데, 보통 아무도 그렇게 많은 주의를 기울이지 않는다. 여기서도 가장 중요한 것은 가장 적게 보이는 것이다. 이런 순간들은 플래시백을 정당화시키고 일반적 구조를 강조하고 스토리를 탄탄하게 만들기 위해 필수적인 수식, 즉 필요한 구두점이 될 수 있다는 인상을 준다. 반면에 이런 순간들은 항상 귀중한 정보들을 내포하게 된다. 우리는 르랜드가 아주 부유한 가문 출신이라는 것과, 그의 아버지가 빚만 남기고 자살했다는 것을 한 문장(그것은 그후 이어지지 않을 수 있다)으로 알 수 있다.

**이중성으로의 회귀 양상**을 보일 수 있다. 한편 르랜드는 부유한 환경에서 태어났지만 한푼 없는 거지가 되었고, 다른 한편 케인은 부모가 빈곤하게 살았지만 그는 항상 부자였다. 이런 운명의 조화를 영화에서는 르랜드와 케인이 신문사에 도착한 장면으로 서둘러 강조한다. 오해의 소지가 있는 바로 이런 장면이, 오슨 웰스가 카드판에서 자기 패를 보여 주듯이 수를 쓰고 있다는 것을 확실히 알아차릴 수 없는 관객을 웃길 수 있다. 만약 편집장인 카터가 케인을 르랜드로, 그와 반대로 르랜드를 케인으로 착각하거나 편집실의 기둥들을 축으로 같은 태도로 인물들을 돌게 만듦으로써 미장센에 혼돈이 증폭된다면, 그것은 바로 두 사람이 **대칭적으로 서로 교체가 불가능하다는 것**을 의미한다. 르랜드가 신문의 연극비평가가 되기를 원한다고 고백하게 된 것이 바로 이 순간이라는 것도 좀처럼 주목받기 어렵다. 만약 비평 행위의 본질이 기호나 취향을 이야기하는 데 있음을 인정하고 싶어하게 되면 우리는 갑자기 르랜드와 케인 사이에 **근본적인 대립, 질적인 것과 양적인 것**의 대립이 드러나는 것을 알 수 있다. 두 사람 사이의 첫 의견 교환 가운데 하나는 이런 것이다. 케인이 일하면서 무엇인가 먹고 있을 때 르랜드는 "당신 또 먹어요?" 묻고, 케인은 "난 또 배가 고프다"고 답한다. 이에 르랜드는 "잠시 후 우리는 먹을 만한 것을 실컷 먹으러 렉토의 집으로 갈 겁니다"라고 덧붙인다. 케인은 실컷 먹는다. 르랜드는 상류 계층의 대열에 합류할 수 있다는 희망에서 욕구를 채울 수 있다.

세계와 상반되는 상세하게 전달된 이런 개념들은 보다 극적인 쟁점에서 계속 대립될 수 있다. 르랜드는 《인콰이어러》지에 의해 되팔리게 된 《크로니클》지의 기자들이 생각하는 것에 신경 쓰고, 처녀들을 뒤쫓지 못하게 하며, 케인의 콧수염이 소름끼친다고 생각하고, 선거가 있던 날 밤 케인에게 정치적 윤리의 훌륭한 교훈을 설명한다. 그리고 수잔이 시카고에 노래하러 왔을 때, 르랜드가 그녀의 공연평을 거북스러워하던 것이 가장 불길한 일이었다. 케인의 분신과 같은 존재들 중 대처는 아버지와 같은 존재로 비치고, 르랜드는 형과 같은 존재로 비친다. 르랜드가 아벨이라면 케인은 카인이기 때문이다. 케인과 카인은 실제로 영어 발음상 유사한 면도 있다. 하지만 어떤 점에서 보면, 이런 형은 실제 존재하지 않는다. 르랜드는 케인 외에도 각자 내면에 품고 있는 **비판 기능**, 즉 자기 비판의 측면을 구체화한다. 르랜드는 케인의 도덕적 양심이다. 르랜드는 발행인의 서약을 간직하고 있으면서 케인에게 소위 노동자들에 대한 비호가 가부장주의에서 연유한다는 것만 보여 주고, 오래전부터 케인에게 접근하기를 거부함으로써 시카고로 전속되며, 발행인의 서약에 수반된 후한 해고 보상금을 받게 된다. 케인은 보상금으로 의무를 다했다고 생각한다. 결국 르랜드는 최후의 제스처로 케인이 죽기 5년 전에 받은 편지에 답장을 하지 않는다. 이런 독특하고 이분화된 삶은 상반된 궤도가 교차하는 순간(다시 말해 젊은 시절부터 케인과 생사고락을 함께 해온 르랜드가 결국 그와 결별하게 되는 순간) 예외적으로 강렬해 보일 수 있다. 시카고에서 이런 일이 일어나는 동안 케인은 르랜드를 해고하기 전에 그가 쓰던 원고를 마무리짓는다. 처신하기 어려운 상황에서 알코올에 의지할 수밖에 없던 르랜드를 앞에 두고, 케인은 그에게 비평가의 지위를 부여하면서 타자기

인콰이어러 신문사에서 르랜드와 에밀리와의 약혼을 발표하는 케인

로 '약한' 이란 형용사를 써놓는다. '약한' 이란 형용사 한마디로 케인은 수잔의 공연에 대한 훌륭한 심판자이면서 르랜드의 훌륭한 심판자라는 것이 입증된 것이다. 르랜드 자신은 차마 그 말을 쓸 수 없었던 것이다. 그렇다면 케인은 결국 양심에 사로잡히게 되고, 따라서 르랜드가 더 이상 필요 없다고 생각되어 그를 해고할 수 있었던 것일까? 분명히 그런 것은 아니다. 케인의 그런 행동은 자만심이고, 르랜드가 어떤 자리든 차지할 수 있다는 것을 입증하기 위한 것이지만 그는 진실 때문에 서두른 것이다. 진실은 옹호될 수 없게된다. 그것은 르랜드가 떠날 수밖에 없었기 때문이다. 르랜드는 떠났다. 그는 돌아오지 않았지만 아무것도 잊지 않고 있었다("젊은이, 나는 모든 걸 그대로 기억하고 있소. 이것이 바로 나의 저주요"). 저주를 없애기 위해 의식을 잃어서는 안 된다.

## 언론과 정치

오슨 웰스는 케인이란 인물에 대해 매력을 느끼고 있었다. 아무도 이런 사실에 대해 의문을 제기하지 않는다. 케인은 매력(주인공을 포용하는 오슨 웰스처럼 모두를 위해서보다는 누군가를 위해서), 즉 유혹해야 할 것과 유혹을 물리쳐야 할 것을 구체적으로 드러낸다. 케인의 방식이 **전체주의적**이라면 오슨 웰스의 방식은 **총괄적**이라고 할 수 있다. 오슨 웰스는 자신이 만들고 있는 위대한 교훈적인 영화와 함께 다른 여러 편의 영화도 연출하게 된다. 그 중에는 **언론을 다룬 다큐멘터리 영화도 한 편** 있다. '제4의 권력' 의 분위기에 젖어 있거나, 기자를 극영화의 특별한 인물로 만드는 1930

년대의 미국 영화들은 수적으로 많다. 이런 영화들은 모두 많든 적든 저널리즘의 신화적 차원을 다루고 있다. 《시민 케인》은 전환기의 기술의 변화들(정보 전달의 신속성에서의 발달과 연관된)을 동시에 보여 준 유일한 영화이다. 이런 변화들은 매일 12시간 동안 전혀 새로울 것이 없는 편집실을 몇 시간밖에 안 된 새로운 소식들을 가판대로 내보낼 사람들이 북적대는 밀집 장소로 만들 수 있다. 새로운 소식이라면 사건들이 직접 다루어지게 됨으로써 초래되는 압력(선거일 저녁 미리 준비된 두 가지 압력, 그와 반대로 경쟁 신문이 이미 가판이 시작된 시간에 발행인의 서약을 싣기 위해 신문을 다섯 차례나 재편집하는 케인의 광기), 의무론의 여러 가지 문제들(《크로니클》지의 기자들이 《인콰이어러》지로 이적, 수잔의 공연에 대한 의무적인 호평), 여러 유형의 신문들(평론지, 대중 신문, 영화 신문), 직업적 요령들(사건과 사건 해석의 관계, 지위 차원의 중요성), 언론의 이데올로기적 기능(케인 사망시 상반된 논평), 언론의 정치적 기능(미국 참전에 있어서의 《인콰이어러》지의 역할), 언론사 소유의 재벌에 언론의 순응(《크로니클》지와 《인콰이어러》지의 경쟁 관계)을 들 수 있다.

오슨 웰스는 이런 이야기들을 하고 싶었던 것이고, 결국 그것을 번스타인의 입을 통해서만 전할 수 있었다. 감독의 또 다른 분명한 욕구는 **정치적 논쟁**에 개입하는 것이다. 시사뉴스 영화에서 운동장에서 두 팀의 좌우를 구별하는 것을 보여 줄 수 있는 투쟁 영화를 생각하는 거장들에게 어울리는 장면(신)에서(정답으로 게임의 규칙은 같지 않다. 대처는 외롭지만 권력의 지도적 입장을 장악한다. 유니언 스퀘어의 사람들은 마이크만 준비하는 것이 아니라 수효가 있다) 오슨 웰스는 최소한 관심이 끌리던 것, 즉 무서운 관념의 조작자로서의 모습을 나타내기 위해 케인의 파시즘과의 타협을 재빨리 극복한다. 오슨 웰스는 혁명적이기를 바라고 민중주의적일 뿐이라는 관점에서 **트러스트**(기업 담합)와의 전쟁을 선포하는 정의의 사도와 목적을 이루기 위해(이것은 결과와 방법에 대한 끝없는 갈등이다) 법 위에 군림(1925년 의회 조사)하는 케인을 구별한다. 오슨 웰스는 외견상의 진보주의자(매디슨 스퀘어 가든에서 열린 선거 유세에서 케인은 "정직한 모든 시민들은 내가 상속권을 박탈당한 자들, 제대로 보상받지 못한 자들, 부양받지 못한 자들을 보호하기 위해 능력이 미치는 한 모든 것을 행할 수 있다는 것을 안다"고 말한다) 밑에 눌려 잠든 신중한 보수주의자(케인은 대처에게 "알다시피 저는 돈과 부동산이 있습니다. 상속권을 박탈당한 자들의 이익에 신경 쓰지 않는다면, 아마 다른 누군가가 그것을 차지하게 되겠지요……. 돈도 없고 부동산도 없는 누군가가…… 이것은 아주 유감스러운 일이 될 수 있지요"라고 말한다)를 공격한다. 오슨 웰스는 공공연하게 일하기 싫어하는 가부장주의에 저항하는 좌파 노동자의 편에 선다(르랜드는 케인에게 "당신은 노동자들을 기억하지요?……그들은 노동조합을 결성하고 있는 중이라오. 노동자들이 권리를 자신들에게 기인하는 것이지 선물이 아니라고 생각한다는 것을 알게 되면 당신은 심기가 불편할 수 있소"라고 말한다). 그 당시 할리우드의 맥락에서 진보적인 입장은 그야말로 분명한 것이었다.

# 케인과 에밀리 먼로 부부

번스타인의 증언과 르랜드의 증언을 통해 케인의 첫번째 부인 에밀리 먼로 노턴이 등장하게 된다. 그녀는 아마도 르랜드가 비밀리에 케인과 동시에(분신) 사랑했던 유일한 여인일지도 모른다. 에밀리는 남편에 버금가는 사회적 지위가 있는 여인이고, **남편의 성공을 바라는 이상적인 배우자**이며, 기회가 주어졌으면 대처가 선택했을 수도 있는 여인이다(케인은 어쨌든간에 처음에 정말 좋아했던 것 같으나, 아마 수잔과 대조적인 조건들을 찾아내려면 이런 유형의 배우자가 필요했을지도 모른다). 에밀리는 그 당시 미국 대통령 윌리엄 매킨리(1896년 대통령에 당선된 뒤 1901년 재선된 미국 대통령)의 조카딸이다. 에밀리와 케인의 결혼식은 1900년 백악관에서 거행되었다. 그렇지만 두 사람의 관계는 급속도로 악화된다. 매킨리 대통령은 1901년 9월 6일 암살되었기 때문에 존 아저씨에 대한 논쟁 장면은 시기적으로 그 이전으로 설정될 필요가 있다. 케인은 자신에게 정면으로 대항할 수도 있는 부인과 성숙하고 진지한 관계를 유지하기보다는 너무 '달콤한 것'(케인 자신이 다시 사들인 《크로니클》지의 기자들을 가리키는 말)에 사로잡혀 있다. 게다가 에밀리는 여러 번 케인과 대립한 적이 있다. 에밀리는 관례적("가정부들이 생각하는 것은 무엇인가?")이고, 순응주의적("대통령은 잘못을 저지를 수 없다. 대통령이니까")이며, 일에 쏟고 있는 열정적인 관심을 느끼지 못할 정도로 남편을 거의 알지 못하고 있었기 때문에 오랜 시간 케인의 부인 역할을 제대로 수행하기가 어려웠을 것이다. 그렇지만 에밀리와 케인의 결혼은 16년 동안 지속되었다. 아마도 수잔과의 관계로 야기된 스캔들이 세상에 알려지지 않았더라면 그의 결혼 생활은 더 오랜 기간 지속될 수도 있었을 것이다. 대통령의 조카딸은 쉽게 이혼한 것이 아니다. 르랜드의 증언에 의하면, 남편 케인은 결혼한 지 2개월이 지나자 부인 에밀리에 대한 관심이 시들해졌다는 것이다.

케인 부부의 관계 악화라는 갑작스러운 상황은 특별한 어느 날, 등장만큼이나 금방 이야기에서 사라진 인물 주니어란 이름과 다르게 지적된 바 있는 에밀리와 케인 사이에 태어난 아들에게 닥치게 된다. 메디슨 스퀘어 가든 집회 때 이르러 나이도 이름도 알 수 없는(케인의 아버지처럼) 케인의 아들은 부부 관계가 악화되고 몇 년이 지난 뒤 태어났다. 화해의 시도였을까? 아니면 대를 잇기 위한 필요에 의한 것일까? 밤의 우연한 관계에서 생긴 것일까? 아무래도 상관없다. 번스타인이 증언한 것처럼 에밀리가 **로즈버드**가 될 수 없는 것과 같이 장면(신) 전체가 아버지/어머니/외아들로 구성된 가정은, 한 세대가 지난 뒤 찰스가 태어난 가정의 동일한 재연일 수 없다는 이해가 가능할 수 있도록 배열되어 있다. 여하튼 에밀리와 주니어는 1918년 자동차 사고로 죽는다. 사실 죽음은 상징적이기 때문에 선거 유세가 있던 날 밤까지 거슬러 올라간다. 시사뉴스 영화에서 사망 소식은 소리와 함께 집회를 설명하는 신문에 사진으로 나타난다. 아들과 어머니를 연계시킨 신의 섭리에 따른 부인과 외아들의 죽음으로 감독은 케인을 후손 없이 세상을 떠나게 만든다. 또한 두 모자의 죽음은 케인과 그의 아들의 관계처럼 감독이 사용할 수 없었던 장면을 경제적으로 사용할 수 있게 해준다. 아버지와 아들의 관계는 서술에서 모호한 공백으로 남는다. 마지막으로 이 죽음 덕분에 톰슨, 특히 관객은 에밀리나 주니어가 예전에 **로즈버드**에 대해 말하는 것을 들은 적이 있는지 없는지 의문조차 갖지 않게 된다.

# 수잔의 등장

비가 내리는 날 저녁 젊은 시절을 찾아서 보세 창고로 감상적인 여행을 떠날 때, 케인은 마차의 흙탕물 세례를 받게 된다. 늦은 시간임에도 불구하고 거리에서 한 여인(치통 때문에 약을 사러 인근 약국에 다녀오는 길인 수잔)이 케인에게 이렇게 말한다. "당신 얼굴에 오물이 묻었네요." 아주 이상한 듯이 케인은 "이것은 오물이 아니고 진흙이오"라고 답한다. 이렇게 수잔과의 우연한 만남의 장면은 **오물**로 시작된다. 더 정확히 말하자면 오물을 부인하는 것으로 시작된다. 케인은 노동자들의 친구이지만 거리를 두고 그들을 만난다. 이렇게 잃어버린 시간을 찾는 것으로 케인은 처음으로 자주 드나들던(번화가에 있는 보세 창고에는 사람들이 좀처럼 가지 않는다) 사교계 출신이 아닌 여인, 즉 자기 어머니처럼 시골 아낙 같은 여인과 만나는 계기를 맞는다. 당연히 정숙한 수잔은 **아직 봉오리진 장미꽃** 같은 여인이기에 노인이 아니라면(렘브란트의 그림이나 〈다니엘〉서를 생각나게 만드는 틴토레토의 그림처럼) 적어도 아버지뻘(케인이 50세쯤 되었고, 수잔은 곧 22세가 된다)이 될 수도 있을 사람의 마음 속에 성모 마리아로 자리잡게 된다. **이 중요한 장면**에서 수잔은 자신도 모르는 사이에 운명이 뒤바뀐 여인이 되었기 때문에 케인은 보세 창고에 가지 않아도 자주 어머니 같은 여인을 만날 수 있게 된 것이다. 먼저 어머니는 수잔으로 바뀌게 되고, 수잔은 모성적 권위를 구현하게 된다. 수잔의 어머니는 딸을 성악가로 만들고 싶어했지만 실패했다. 수잔은 음악계에서 성공하지 못한, 악보를 파는 단순한 점원에 불과하다. 케인은 그녀의 어머니의 의지를 실현시켜 주기 위해 노력을 기울인다. 케인 자신의 어머니도 음악에 대해 친숙한 무엇인가가 있었다(어린 시절에 살던 하숙집 장면에서 사용되고 있는 것 같지는 않지만, 수잔과의 만남 장면을 이해하는 데 빼놓을 수 없는 소품에 해당하는 뚜껑이 열려 있는 피아노). 그러므로 수잔의 집에 케인의 어머니가 운영하던 하숙집에 있던 것과 똑같은 피아노가 있는 것은 전혀 이상할 것이 없다. 더 놀라운 것은 단 한마디 언급도 없이 수잔의 집에 케인의 어린 시절에 대한 환유적 형상인 하숙집의 눈 내리는 광경이 비치는 유리공이 있다는 사실이다.

케인이 수잔을 만난 다음날 르랜드에게 그녀에 대해 이야기할 때 '통계학적으로 볼 때 평범한 유형의 미국 여인'이라고 정의했는데, 그러한 생각을 여인에게서 찾아보려면 정신분석학을 통한 우회적 방법이 반드시 필요하다. 수잔이 대단한 존재는 아니다. 그녀는 젊고 특별히 예쁜 구석은 없지만 귀엽고 유순한 여인이다. 그녀의 이런 면이 케인의 마음에 들지 않는 것은 아니지만, 어리석고(게티스와 만나는 장면에서 누구나 단순한 만남을 넘어선 쟁점의 차원이 될 수 없다는 것을 느낄 수 있고, 시카고에서의 첫 공연 다음날 르랜드에 의해 수표가 반송되는 장면에서 수잔은 더구나 절친한 친구라는 작자가 어떻게 그런 악평을 쓸 수 있는지 이해하지 못한다. 또한 수잔은 비평이 르랜드의 것이 아니라고 상상조차 할 수 없다) 교양 없는 편(화가 났을 때 날카로운 음색의 목소리)이다. 그런데 수잔은 케인이 어떤 사람인지 모르고 있다. 수잔은 **무지하고** 고로 **천진난만한**, 케인이 지식과 능력 대신에 포기할 수밖에 없는 잃어버린 낙원에 상당하는 존재일 수 있다.

수잔은 케인의 가장 큰 실패가 된다. 케인은 처음으로 양적인 영역보다 질적인 영역에 개입하게 된 것이다. 케인은 수잔을 최고의 성악가로 만들고 싶어한다. 그는 과대망상증에 빠져 젊음 이외에 재능 또한 돈으로 만들 수 없음을 깨닫지 못한다. 시간당 1백 달러의 교수 강습에도 효과 없이 수잔은 오페라의 고전 음악들을 소화해낼 수 없는 성악가로 남게 된다. 과오는 케인에게 있지 능력이 부족한 수잔에게 있지 않다. 그들의 관계는 도가 지나친 두 명의 어머니(수잔: "이제 당신도 어머니들이 어떤가 알지" — 케인: "그래, 알지")와 어린아이들의 놀이(귀 움직이기, 중국의 그림자놀이)에 반대하는 암묵적인 동조에서 연유하는 것이었다. 그러나 케인은 약속을 파기하고 **지배와 서열, 계급 관계**를 재설정하지 않을 수 없게 된다. 이 것은 오슨 웰스가 15년 뒤에 말하게 되는 바와 같이 그의 본성에 내재해 있는 초청객들에게 개구리와 전갈의 유명한 우화를 이야기해주는 그레고리 아카딘의 모습이다. 온순하고 부드럽고 유순한 수잔은 판타지 영화에서 창조된 '슈퍼맨들'(빅터 프랑켄슈타인이라는 피조물)과 같이 조금씩 그를 '만들어 준 사람인 케인'을 거역하기 시작한다. 이런 반항은 수잔이 자살을 기도하는 것으로 끝나게 된다. 케인은 수잔을 성악가로 만드는 것을 포기한다.

이 순간부터 상호적인 파괴는 시작된다. 우리는 재너두 성에 들어와 있다. 케인 부부는 공간 개념(케인은 초대한 손님들에게 "나는 당신이 가서 건물의 서편 날개 쪽을 살펴본다면 아직도 12명의 손님들이 자리잡고 있다는 것을 발견할 수 있다고 확신한다"고 말한다)과 시간 개념(수잔: "지금 몇 시지요?" — 케인: "11시 30분" — 수잔: "뉴욕이 몇 시냐고 물었어요!" — 케인: "11시 30분." 하물며 동부에 살고 있는 미국인도 뉴욕과 플로리다가 같은 시간대에 있다는 것을 안다. 수잔조차 밤인지 낮인지 모르고 있다)을 상실하고 있다. 이미 무덤이나 다를 바 없는 그런 감옥에 칩거해 있는 수잔과 케인은 외부 세계의 흔적을 되찾고자 한다. 소용없는 일이다. 수잔은 자연의 정경을 나타내는 퍼즐을 맞추고 있다. 찰스는 장례 행렬을 연상시키는 소풍을 계획한다. 케인은 여전히 전제군주와 같고 허영심 많고 자기 중심적이지만, 관대하게 보아 주지 않으면 최소한 그의 행위를 납득시킬 수 있는 궁극 목적도 없는 인물이다. 사랑 대신에 주는 것 없이 구애하는 데 바쳐진 삶은 인생의 종말에 가깝다. 마지막으로 케인은 굽힐 결심을 하는 것처럼 비친다. "오늘부터 모든 일은 내가 생각한 대로가 아니라 당신이 원하는 대로일 것이다." 결국 수잔은 양보하고 남아 있겠다는 표정이 역력하다. 케인은 이렇게 덧붙인다. "당신은 떠나서는 안 돼…… 당신은 나에게 그럴 수 없어." 한마디를 더하면 끝이다. 수잔은 돈 한푼 없이 마음이 상해 떠나 버린다. 수잔은 애틀랜틱 시티 나이트 클럽에 남아 있는 그녀의 성과 가는 목소리를 이용할 수밖에 없다(카바레 간판에 큰 글씨로 씌어 있는 '수잔 알렉산더 케인'이란 이름. 이 간판에서 수잔이 익명을 되찾고자 했을지도 모른다는 것과 달리, 케인의 두번째 부인이었고 시카고 오페라에 매료된 프리마돈나가 될 수도 있었을 여인을 보러 오거나 목소리를 듣기 위해 오는 손님들은 드물다는 것이 입증된다).

# 황량한 재너두 성

미완성 상태의 제국은 붕괴되기 시작한다. 케인조차도 거역하지 못한다. 케인이 수잔의 작은 방 안에 있는 물건들을 닥치는 대로 부수는 장면에서, 그가 선거 유세가 있던 날 밤에 걸어 놓았던 케인의 영문 이니셜 **K**자는 초라하게도 거꾸로 매달려 있다. 케인과 가장 가까운 사이였던 수잔이나 르랜드, 케인을 처음부터 끝까지 추종했던 번스타인도 **로즈버드**가 무엇인지 모를 수 있다. 이런 수수께끼의 답은 일반적으로 극작법의 용어로 존재한다(사람들이 곧 알게 될까, 모를까?). 심리학적으로 보면 이것은 끔찍하다. 케인은 일생 동안 가슴에 품고 있던 비밀을 아무에게도 말한 적이 없다. 다른 사람들은 몰라도 대처는 괜찮을 것 같은데(이제는 대처가 왜 케인의 비밀을 알아야 했는지 잘 이해가 된다)?

황량한 재너두 성에는 교황이 영면하고 나서 후계자가 지명될 때까지 시스티나 예배당에서 피어오르는 것과 흡사한 검은 연기가 굴뚝에서 뭉게뭉게 피어오를 때 물질적 재산의 축적을 최고 가치로 여기는 사회(사람들이 말하는 비행기에서 내려다본 맨해튼), 즉 사회가 중시했던 것을 망각할 정도로 메마른 사회를 상징하는 보석들과 가치 없는 물건들 더미만 남아 있다. 이런 사회에서 보잘것없는 소형 눈썰매는 존재할 이유가 없다. 눈썰매는 불태워진다.

끝이란 말은 톰슨 기자에게 귀착된다. 톰슨은 **로즈버드**가 무엇이었는지 모르지만 이렇게 이해하게 된다.

"케인은 원하는 모든 것을 소유했었고, 모든 것을 잃은 사람이다. **로즈버드**는 아마 케인이 가질 수 없었던 어떤 것이거나…… 그가 잃어버린 어떤 것일 수 있다. 여하튼 그것이 모든 것을 설명해 줄 수는 없다. 내 견해로 볼 때 어떤 말로도 한 인간의 생애를 충분히 설명할 수 없다. 아니 **로즈버드**는 퍼즐의 한 조각, 즉 부족한 한 조각에 불과하다." 톰슨 기자는 증언에 따라 생각이 바뀐다. 처음 만났을 때 카바레에서 아무 말도 하지 않고 신경질적이었던 수잔은 조사자에게 조금씩 속내 이야기를 털어놓을 수 있게 된다. 두번째 만났을 때 수잔은 집착해 있는 것처럼 이렇게 고백한다. "당신도 알다시피, 그래도 나는 케인에게 약간 연민의 정을 느끼고 있어요." 톰슨은 비어 있는 단 하나의 관객석을 가리키면서 움직인다.

# ■ 스타일

마술사의 마술은 존재하지 않는 사실을 믿게 만들 수 있다. 오슨 웰스는 《시민 케인》에서 이런 측면을 마음껏 즐겼다. 그의 영화는 **사실주의적인 느낌을 강하게** 남기고 있다. 욕망과 행위, 기쁨과 슬픔의 순간, 위대함과 편협함이 혼합되는 대부분의 상황에 집착하는 주요 인물들은 강인했던 순간들과 약했던 순간, 탁월한 선택과 일상적인 선택, 가장 구체화된 순간에 나타나는 우연과 함께 존재하는 그런 삶의 반영이다. 부차적인 인물들은 희생되지 않는다. 오슨 웰스는 신문에 불어닥친 선풍에 놀란 주필 카터나 그 고유의 무기, 이목을 끌고 있는 언론을 무기로 케인을 공격하게 되는 거침없는 정치인 게티스, 벨칸토[1]식 이탈리아풍의 거장 마티스티나 갱스터 영화에서 벗어난 교활한 집사 레이먼드와 같은 몇몇의 인물로 친숙하고도 활기찬 분위기를 이끌어 내는 탁월한 자질이 있는 감독이다. 이런 인물들은 실제 등장하고 있고, 직업적 · 사회적 · 정치적 · 역사적으로 변할 수 있는 분위기가 조성되어 있기 때문에 신빙성이 있다.

---

1) 이탈리아 오페라의 전통에 따른 창법. [역주]

# 영화의 총체

그렇지만 오슨 웰스는 미장센 효과가 사건들의 본질과 관객이 사건들을 보는 관점 사이에 놓인 장애물이 될 수 있다고 여겨 되도록 투명하게 만들려는 감독들과 다르다. 오슨 웰스의 영화에서는 눈높이 앵글(완곡어법)과 50밀리 렌즈(인간의 시지각을 가장 정확하게 만드는 렌즈)의 체계적인 사용, 비가시적인 몽타주 기법, 자연미나 배우의 위치에 얽매인 영상을 찾아보기 어렵다. 오슨 웰스는 극장(더 나은 역할 배정의 《시민 케인》을 생각할 수 있을까?)이나 라디오(영화는 영상과 관계없이 듣거나 그 강점을 가질 수 있다)에서 배울 만한 것이 있다는 것을 전혀 부인하지 않는다 하더라도 《시민 케인》과 더불어 예술로서의 영화뿐만 아니라 **영화적 글쓰기의 모든 가능성을 검토하고 철저히 규명해 보는 영화**를 연출할 수 있었다.

투명한 스타일을 추구하는 감독들과 반대로 오슨 웰스는 과장, 그로테스크, 겉치레, 이상한 것, 놀라운 것, 기교를 추구한다. 오슨 웰스의 영화 스타일은 "복잡해질 때 왜 단순하게 만드는가"에 대한 것(바로크의 피상적인 정의가 될 수도 있는 것)이다. 첫 장편 영화로서 《시민 케인》에 이름을 새길 수 있게 된 젊은 감독 오슨 웰스는 천재적 재능을 타고났을 뿐만 아니라 이 영화로 유명해지는 계기가 되었다. 그에게는 아주 복잡한 문제에 직면하여 입증할 목적에 가장 탁월한 해결책을 제시하려는 최선의 분명한 의지가 있다. 이것은 어느 순간에 근거 없는 것이 된다 하더라도 예술을 위한 예술이 될 수도 있다. 결코 그렇게 되지는 않는다. 영화감독 오슨 웰스에게 탁월한 솜씨는 여전히 말의 사용에 남아 있다.

케인을 지켜보고 있는 게티스

# 특수효과

　이것은 오슨 웰스가 극복하기로 마음먹었던 기술적인 여러 가지 문제에 접근할 영역이 아니다. 미학적 결과들만이 우리의 관심 대상이다. 그래도 영화의 절반 가량이 특수효과를 사용하고 있음을 환기시킬 필요가 있다. 마술사의 가장 큰 즐거움은 속임수이다. 관객은 얼떨떨할 뿐이다. 아무래도 상관없다. 투자자는 적은 제작비로 어떻게 그렇듯 화려한 영화를 연출할 수 있었는지 감탄할 정도였다. 모든 트릭 수법이 《시민 케인》에 동원되었다.

　병원에서 르랜드가 톰슨과 이야기를 나누는 장면을 예로 들 수 있다. 이것은 역영사 방식(조지프 코튼이 흰 벽 앞에서 연기를 하고 있고, 이어서 배경을 만들기 위해 슬라이드를 비춘다)이다. 재너두 성의 외관, 메디슨 스퀘어 가든에 모인 군중들은? 케인의 초상화가 그려진 걸개그림들도 마찬가지이다. 게티스는 극장의 맨꼭대기 좌석에서 연단에 서 있는 케인을 지켜보고 있다. 그의 자세는 곧 먹이를 덮칠 태세를 갖춘 맹금류처럼 보이지 않는가? 분할스크린(영상의 절반에 각각 두 사람을 따로 촬영한다. 세트를 짓거나 임대하고 배경에 조명할 필요가 많아질수록 두 사람을 구별하는 데 초점을 맞추는 문제가 더 커진다)도 마찬가지이다. 플로리다로 소풍 가는 자동차 행렬은 어떤가? 이 장면은 스튜디오에서 촬영되었다. 인화형으로 언덕들을 가리고, 화가가 그 장소에 적절한 배경을 그려넣는다. 재너두 성의 끝이 보이지 않는 복도에서 케인은? 사실적으로 보이도록 전경에 실제 출입문을 촬영하고, 그 다음 그림으로 끝이 보이지 않는 복도를 그리고 나서, 작아 보이면서 배경에 깊이감을 주기 위해

수잔의 자살 기도

인위적으로 축소된 케인의 실제 모습을 촬영한다.

전경에 유리컵과 약병, 뒤에 수잔의 침대, 후경에 케인과 단역의 모습이 보이도록 구성하여 자살 기도 장면으로 끝을 맺는다. 사실 이런 장면은 극적 효력이 통일성(영상의 구성은 상황을 이해하게 만드는 것으로 충분하다)에서 기인하기 때문에 전경에서 후경에 이르기까지 영상이 선명해 보이도록 두 번 촬영된 것이다. 후경을 어둡게 하고 밝게 조명된 유리컵에 렌즈의 초점을 맞춘다. 필름을 현상하지 않고 바꿔 끼운 듯한 느낌이 된다. 그리고 다시 배경에 초점을 맞춘다. 어둠 속에 조명된 부분에서 두번째 느낌이 든다. 그 역도 가능하다.

신문을 소유한 케인과 마찬가지로 오슨 웰스는 영사기를 가능한 한 최대한 이용하고 싶어했고, 게다가 모조를 가지고 실제를 만들려는 구상이 마음에 내키지 않은 것도 아니었을 텐데 아무도 의문을 제기하지 않는다.

# 혁신자 오슨 웰스

오슨 웰스는 결국 물질적 난제를 탈피하는 것에 불과한 트릭 수법을 사용한 것보다도 **금방 식별되는 스타일**에 있어서 혁신적이다. 1930년대 혹스의 영화와 월시의 영화를 구별하고, 카프라의 영화와 매커리의 영화를 구별할 수 있는 인지력이 필요하다. 《시민 케인》은 순식간에 주어진 것이다. 그 이유가 무엇일까? 1930년대 할리우드 영화의 유형은 대사와 배우를 맹신하고 있다. 사건을 설정하는 데 롱숏은 배우들이 잘 보이도록 클로즈업과 교차되고, 드물

게는 세세한 부분을 강조하기 위해 익스트림 클로즈업과 교차된다. 대화 장면에서 역사촬영 화면 영역(상대방에게 말하고 있고, 나의 모습이 보이고 상대방이 답할 때 상대방의 모습이 보인다)이 통용된다. 대사가 다른 대사로 연장되기 전에 완성된다. 은밀하게 움직이는 카메라는 육체와 감정의 변화에 순응한다. 몇몇 장르의 경우를 제외하고 안정적이고 부드러운 조명은 어떤 영역도 어둡게 만들지 않고 프레임 전체를 비추게 된다. 장황한 음악은 상황을 강조한다. 반면에 대사와 주변 소리들은 거리나 거실의 분위기를 되살려 주게된다. 편집은 유연하고 시운전된 기계를 지장 없이 돌아갈 수 있게 해주는 윤활유와 같다. 《시민 케인》에서 근본적으로 단절시키고자 한 것은 미덕을 모든 사건의 척도로 삼으려는 인문학적 전통의 계승이라고 할 수 있는 영화를 만드는 기술의 코드이다.

오슨 웰스는 무대장치가와 특수효과 기술진과 능력이 출중한 촬영감독 그레그 톨런드(《시민 케인》에서 조명과 이미 칼 프렌드의 영화 《오를락의 손》과 존 포드의 《귀향》에서 사용된 바 있는 렌즈에 대한 연구를 시도한 촬영감독)의 도움을 받아 사건과 행동을 개인적으로 판단하기 위해 미장센을 이용하고 있다. 《시민 케인》과 함께 할리우드의 유성 영화에서 3인칭(그는 이것을 행하고, 그녀는 저것을 말한다)을 사용한 기술은 사라지고 1인칭(그가 이것을 행하자 나는 그것을 이렇게 찍는다)으로 바뀌게 된다. 사실 차이는 여기서 언술된 것보다 더 중요하지는 않다. 뛰어난 감독들(특히 이 분야에서 누구나 인정하는 대가로 남아 있는 포드 같은 감독)은 항상 스튜디오에서 요구하는 시나리오의 현실의 수동적인 관찰자가 되지 않기 위해서 미장센을 이용할 줄 알았다. 결국 이것이 감독들을 구별할 수 있도록 해주는 것이다. 하지만 감독들이 겨우 체면을 유지하면서 조심스럽게 전진해 나갈 수밖에 없는 상황에서 오슨 웰스는 승승장구해서 시금석을 마련한다.

## 영 상

《시민 케인》에서 카메라는 아주 높거나 낮은 위치에 놓이기도 한다. 필요에 따라서는 지면에도 놓는다. 카메라는 조명이 비치는 쪽으로 똑바로 이동하기도 한다. 톨런드는 후광을 없애기 위한 장치를 만들기도 했다. 이것은 눈부심(오페라에서의 수잔)이나 대부분 검게 보이는 화면 영역(시사뉴스 영화 영사실)이 될 수 있다. 천장은 훤히 들여다보이도록 되어 있다. 그것은 유폐되어 있다는 느낌을 들게 한다(스튜디오 안에 천장은 보통대로라면 영사기 위치로 남는다). 빛의 대비가 나타난다. 오슨 웰스는 아주 짧은 숏(시사뉴스 영화)으로부터 지속 시간이 행동의 시간에 해당되는 아주 긴 시퀀스숏에 이르기까지 여러 단계의 숏을 이용한다. 더 교묘하게 오슨 웰스는 초점 심도에 중점을 두고 **숏을 구성**한다. 다양한 의미 작용의 층위는 보통 같은 숏으로 이해되기 때문에 심도에서 선명한 단 하나의 숏으로 결합된다. 앞서 삼중으로 영상(전경에 유리컵·스푼·진통제 약병, 그 뒤에 수잔의 침대, 후경에 케인과 단역이 들어오는 출입문)이 구성된 수잔의 자살 기도 숏을 예로 든 바 있다. 삼중의 영상에 소리(들어오기 전 문을 박차는 소리)가 추가되어야 한다. 잘 알려진 또 하나의 예는 르랜드의 해고 장면에서 찾을 수 있다. 숏의 시작 부분에 첫번째 소리(케인이 르랜드의 원고를 마무리짓는 타이핑 소리)가 선행되고, 그 다음에 영상(케인의 모습과 미리 준비된 것처럼 보이는 타자기), 빈 방, 멀리 떨어진 곳에 르랜드가 있다. 숏의 마지막 부분에서 첫번째 소리는 바뀐다(타이핑 소리는 해고 통고로 반향된다). 르

르랜드의 해고(숏의 끝) 장면

랜드는 좀더 가까이 다가와 중간 매개자의 위치에 자리잡게 되고, 번스타인이 제일 안쪽 문틀에 들어와 있게 된다.

동일한 프레임 안에 전체적인 것을 배치시킬 수 있다는 선입견은 연극에서 연유한 것(연극적 장면의 재현과 연관)이지만, 오슨 웰스는 전체적인 것을 선명하게 보이도록 만드는 영화 기법(오슨 웰스가 즐겨 사용했던 18.5밀리 렌즈, 광각 렌즈 또는 단초점 렌즈)을 필요로 했을 뿐만 아니라 관객 바로 앞에 놓여 있는 듯한 타자기로 신의 크기에 의해서도, 첫번째 열의 정중앙에 있지 않은 관객을 위해서도 말해 주고 싶은 것이 아무것도 없기 때문에 연극에서 불가능한 **극작법**을 만들어 냈다.

### 소리, 음악

오슨 웰스의 영상 작업에 대하여 관심 있는 연구자들이 많다. 하지만 소리에 주의를 기울이는 사람들은 수적으로 보다 적은 편이다. 《시민 케인》에서의 소리는 영상과 마찬가지로 당시에 흔히 사용되던 것과는 **다르다**. 오슨 웰스는 당시의 새로운 표현 매체인 라디오에 의해 형성된 동료들 중에서도 탁월함을 보인다. **음색들의 완벽한 균형, 대사에서 문장의 겹침**뿐만 아니라 **내레이션의 요소로서 소리를 물리적으로 사용하는** 데서 그 흔적을 발견할 수 있다. 방이 엄청나게 크다는 것을 라디오에서 어떻게 이해시킬 수 있을까? 울림의 정도로 가능하다. 오슨 웰스는 그 당시 할리우드에서 개인적으로 그 역할을 해냈다. 《시민 케인》에서 자주 사용되고 있는 부감촬영(하이앵글)은 거의 자연스러워 보이지 않지만, 앙각촬영(로우앵글)은 자연스러워 보인다. 대처 도서관이나 재너두 성의 큰 홀에서의 울림은 훨씬 더 부자연스럽다. 음향 실험의 더 좋은 예는 이 영화에서의 최초 낱말인 **로즈버드**이다. 아마도 이것은 영화사에서 가장 유명한 예일지도 모른다. 오슨 웰스의 굵고 우렁찬 목소리는 다른 소리의 반향을 이용해 두 가지 녹음을 중첩시켜 얻어낸 것이다.

또 다른 라디오의 교훈은 **음악**이다. 영화에서는 일반적으로 풍부한 음악을 위해 교향악단 전체가 동원되기도 한다. 라디오극은 풍부한 시간대를 표현할 방법도, 시간도 없다. 반면에 영화는 시간대에 익숙해지게 만들 수 있다. 이 영화에서는 오슨 웰스로부터 관례적인 2-3주가 아니라 12주라는 장시간을 부여받은 버나드 허먼은 오페라 장면(그렇다. 아무도 주제를 눈치채지 못했던 끝의 주제가 서막과 같은 이 프랑스 오페라는 허먼이 쓴 것이다)과 결론을 위해서만 교향악단을 이용했을 뿐이다. 그 이외의 것에 관해서 허먼은 특히 몇 대의 악기에만 의존한 기본적인 2개의 라이트모티프(허먼은 1941년 3월 25일자 《뉴욕 타임스》에 이것에 대한 자신의 견해를 밝히고 있다)와 여러 개의 시퀀스(라디오로 처리된)를 결합시킨 **단기의 음악적 교량 역할**을 구축했다. 2개의 라이트모티프는 처음부터 들을 수 있고 가능한 모든 방식의 색조를 띠는 권력의 주제(징이 울리는 듯한 네 개의 음)와, 처음에 죽는 순간 비브라폰 독주 형태로 나타났다가 교묘한 구성으로 주의를 기울이게 하여 **로즈버드**로 직접 연결되게 만든 관현악곡 편성으로 다시 드러나는 **로즈버드**의 주제이다.

## 몽타주

결국 오슨 웰스는 **모든 형태의 몽타주를 사용하는 거장의 역할을 해낸다.** 숏 안의 몽타주는 비몽타주의 종류라는 것을 상기시킨 바 있다. 대부분의 장면 연결이 촬영 때부터 예견된 것임을 알고 있는

오슨 웰스는 온갖 종류의 몽타주를 사용하고 있다. 《시민 케인》은
편집된 것보다 더 많이 줄인 영화이지만, 이 영화의 데쿠파주는 다
른 영화들에서 시나리오 때 맡겨진 작업의 일부를 편집으로 남겨 놓
았다. 예를 들면, 오슨 웰스는 시간을 아끼면서 반복성(찰스 케인이
대처의 집에서 성장기에 겪었던 시련을 이해할 수 있도록 수년의 기간
을 두고 나온 "메리 크리스마스"와 "새해 복 많이 받아"라는 말)이나
반대로 진행의 신속성(《크로니클》 신문사의 진열장 안에 사진이 들어
있던 기자들이 《인콰이어러》 신문사로 옮겨오는 데 단지 6년), 관계
악화의 진전(2분 동안 6개의 숏으로 부부 관계의 변화를 모두 말해 주
는 서술적 경제성의 모델인 케인과 에밀리의 가정에서의 신)을 강조하
기 위해 정확하게 지나간 시간을 보여 주고 있다. 또 다른 예로 감
독이 종종 **느린 장면 전환**(오버랩, 영상 겹쳐찍기)과 중요 관점에서
현실을 관찰하는 데 역점을 두고 있는 **전통적 편집 방법**(축하연 때
무용수들의 신)을 사용한다면 충격을 주거나(스크린을 촬영한 시사
뉴스 영화의 마지막 숏과 측면에서 스크린을 원위치로 돌려 놓아 영사
실에서 다음에 오는 숏을 연결한 관례적인 것은 아닌 장면 연결) 깜짝
놀라게 만들기 위해(정적의 선거 유세장에 참석한 게티스의 뜻밖의
발견) 컷, 편집을 주저하지 않는다. 더구나 이런 것이 다음과 같은
가상의 연속성으로 오슨 웰스를 놀라게 만들지 않을 수 없다. 그것
은 케인의 임종 순간 성 안으로 들어가는 것(외부에서 창을 찍고 있
는 카메라가 안으로 들어가기 위해 빛의 역진을 이용하고 있다는 것을
이해하려면 잠시 생각할 필요가 있다)이나, 오슨 웰스를 '크레인 촬
영의 거장'으로 만들어 놓은 숏이라고 할 수 있는 간판과 지붕을
통해 수잔의 술집에 들어갈 때 부감촬영으로서의 이색적인 가상 숏
을 들 수 있다. 사실 유리로 덮인 큰 지붕을 통한 숏의 변화이다.

# 여러 유형의 결집

가능한 목록 전체를 사용하려는 웰스의 선택에는 분명히 놀라운 구상이 있었다. 이제 그런 선택은 영화의 주요 특징, 즉 **스타일의 이질성** 때문에만 구체화될 수 있었다는 것을 고려해야 한다. 오슨 웰스는 영화사를 다룬 대작 영화를 만들고 싶어했다. 또한 그는 단편적으로 모든 기법을 동원하여 다양한 장르의 영화를 연속적으로 만들어, 다른 장르 영화 및 시나리오 작가들과 경쟁하고 싶어했다.

## 판타지 영화

첫번째 시퀀스는 **판타지 영화의 약호들**에 해당한다. 죽음이 서려 있는 성, 고독한 군주, 밤, 몽환 상태, 안개, 금지, 불합리, 고딕 소설이 우리를 익숙해지게 만들고 영화가 혼란기에 그 역할을 담당했던 것과 같은 특징을 갖는다. 독일 표현주의 경향(오슨 웰스는 항상 영화에 대해서는 아는 게 없지만 연극만큼은 잘 안다고 주장했다. 상관없다. 이 영화를 만든 사람들은 약 10년 전부터 할리우드에서 활동하고 있었다)을 보이는 감독은, 선과 악의 대립의 물리적인 표현으로서 **빛과 그림자의 대립**(주위의 불길한 기운과 반대로 눈이 집과 소형 눈썰매를 하얗게 뒤덮고 있는 유리공의 세계), 정신 이상을 나타내는 **관점의 변형**(깨진 유리 파편에 비친 숏), **일시적 왜곡**(굴러가다가 깨져 산산조각나는 유리공의 슬로모션), **주관적인 영상들**(유리공 안에서 내리지 않고 파편에서 내리는 눈)을 택하고 있다. 음향은 있지만 대사가 거의 한마디도 없는 이 시퀀스가, 제1차 세계대전 후인 1918년에 일어난 독일혁명으로 1919년 설립되어 1933년 히틀러의

빛과 그림자: 시사뉴스 영화의 영사실

나치스 정권 수립으로 소멸된 바이마르 공화국의 어떤 무성 영화의 모방이라면, 그것은 1929년 경제 공황 때 미국에서 탄생된 침체기의 다른 영화의 연장선상에 있다고 할 수 있다. 미국 판타지 영화가 건국 신화를 탄생시키고, RKO의 제작으로 만족하기 위해 《자로프 백작의 사냥》(1932)과 《킹콩》(1933)(RKO는 《시민 케인》 이후 《캣피플》(1942) 《나는 좀비와 함께 걸었다》(1943) 《레퍼드 맨》(1943)과 같이 발 류튼에 의해 제작된 자크 토너 분위기의 화려한 영화 노선을 따르게 된다) 같은 영화들이 촬영된 것도 1930년대이다.

오슨 웰스는 보다 원대한 계획에 참여해서 절정기에 그런 종류의 영화에 도전하여 자신의 능력을 입증해 보이고 싶어했다는 것을 알 수 있다. 철책을 넘기 위해 철책을 따라 올라가는 카메라는 환상적이다. 이것은 전체적으로 영화가 연극의 영향하에 있다는 것을 나타낸다. 극장에서 공연 전에 막은 닫혀 있고 '출입 금지'이다. 막은 연극 상연이 시작될 때 뒤에 있는 것을 드러내 보이면서 열리고, 영화처럼 공연이 끝나면 닫힌다.

### 시사뉴스 영화

1930년대가 판타지 영화의 전성기였지만 10여 년간 시사뉴스 영화도 전성기를 맞았다. 영화와 같은 역사를 지닌 시사뉴스 영화는 소리의 도래로 새로운 차원을 맞는다. 영화에서 담론이 제자리를 찾게 된다. 뉴스 해설자의 목소리가 대부분 무성 영화로 만들어졌던 기록 영화에서 소리를 대신하게 된다. 텔레비전이 없던 그 시대에는 오로지 시사뉴스를 보기 위해 영화관에 가기도 했다. 극장의 지배인들은 매표 창구 옆에 프로그램의 내용을 큰 글씨로 기재하는 사람을 알고 있었다. 제작자들은 뉴스거리가 될 만할 때 정기적인 판본에 첨부된 특별호로 양질의 잡지들을 공급하기 위해 많은 돈을 허비하기도 했다. 1935년 로이 E. 라센, 존 S. 마틴, 루이 드 로슈몽은 새로운 잡지(이미 라디오에 존재하고 있었다)에 뛰어들었다. 이 잡지는 '마치 오브 타임'이란 제목으로 16년 동안 큰 성공을 거두었다. 하나의 주제만 가지고 15-25분 동안 아주 빠른 속도로 다루어졌던 프로그램은, 시사뉴스와 탐방 기사를 혼합해서 주제를 다루는 데 해설과 깊이의 특색을 빠른 편집으로 드러냈다. 오슨 웰스가 '3월의 뉴스' 시퀀스를 연출하면서 생각한 것도 역시 《마치 오브 타임》 잡지이다. 그가 비판한 것은 부차적 장르가 아니었다.

연구자들이 종종 제쳐두지만 이 시퀀스는 영화에서 가장 훌륭한 시퀀스들 중의 하나이다. 오슨 웰스는 케인이 실존 인물이 아니었기 때문에 가상의 시사뉴스를 만드는 모험을 했을 뿐만 아니라 트릭 수법으로 촬영된 시사뉴스 방식에 진정한 교훈을 마련하고자 했을 것이다. 예를 들면 히틀러 옆에 있는 케인을 분명하게 언급하지 말고 건너뛰기로 하자. 연사가 유니언 스퀘어에서 파시스트로 취급할 때 이미 단순한 문제가 아니었다. 오슨 웰스는 이 장면을 '실사로' 촬영하기 위해 수천 명의 엑스트라들에게 개런티를 지급할 방법이 없었다. 이 장면은 3개의 숏으로 해결되었다. 기록보관소 숏 하나가 평범한 군중을 나타낸다. 두번째 숏은 군중들을 왼쪽에서 오른쪽으로 밀어내고 스피커 옆에 정지한다. 그러는 동안 연사가 케인의 비행을 낱낱이 고발하는 소리가 들린다. 세번째 숏은 연설을 계속하는 연사만 잡은 클로즈업이다. 이 숏만 유일하게 실사로 촬영된 것이다. 관객은 클로즈업으로 묘사된 연사의 모습을 보면서 그의 연설에 주의를 기울이는 군중들을 보았다고 확신하게 된다. 에이젠슈테인이 더 낫다고 할 수도 없을 것이다. 오늘날에도 정보

트릭 수법으로 촬영된 시사뉴스: 히틀러 옆에 서 있는 케인

를 조작하는 것을 직업으로 삼고 있는 사람들이 세계 도처에 있다.

여전히 미묘하지만 '특징 없는' 영상들의 선택과 그런 영상을 수반하는 텍스트도 있다. 우리는 오슨 웰스가 직접 접근하는 것처럼 보이지 않게 하고도 어떻게 이런 시퀀스에 영화의 주요 주제들을 은밀하게 끌어들이는지 알 수 있는 기회가 되었다. 주요 주제들은 유폐(광물: 성의 큰 탑, 상자 속의 조각상; 식물: 질서정연하게 잘 가꿔진 정원; 동물: 동물원), 양적인 것(물건마다의 가치, 주제를 구축하는 데 필요한 자료의 총체), 신성한 무덤(피라미드에 비유), 파괴(환경을 오염시키는 공장, 쓰러진 나무들), 눈썰매(의회에서의 대처)이다. 오슨 웰스는 관객이 자신도 모르는 사이에 어떻게 이데올로기를 생성시키고, 어떻게 그것을 자기의 것으로 만들 수 있는가를 보여 주면서 실제 경계하기 시작한다. 사실 감독은 자기가 이야기해야만 하는 것을 알고 있었던 것이다. "라디오에서 이야기하는 것을 믿지 말고 《인콰이어러》지를 읽어라"라는 케인의 말은 첫번째로 오슨 웰스가 화성인이 침공했다는 것을 전체 미국인이 믿도록 만들었던 방송, 《세계 전쟁》에 대한 조롱기 섞인 암시이다. 두번째는 르랜드의 말을 듣고 한참 시간이 지난 뒤 "나는 《인콰이어러》지에서 읽은 것을 결코 믿지 않아"라고 맞받는 말에서 찾을 수 있다. 논의가 제자리로 돌아왔다. 케인의 배후 조정 능력을 지적하면서 오슨 웰스가 노리는 것은 감독의 능력이다.

관객에게 스펙터클의 즐거움을 주고, 같은 움직임으로 영화의 담론은 의심의 여지가 없다는 것을 알리면서 윤리적 역할을 다하는 감독은 드물 것이다. 상반된 증언들을 위시하여 《시민 케인》의 전제적인 구조는 관객에게 감독이 보여 주는 것을 보면서 통찰력을 가질 것을 권유한다는 결론에 도달하는 데 또 다른 목적을 갖고 있다. 이 시퀀스에서 미학이 부재할 수도 있다는 것을 생각지 못하도록 한마디 덧붙인다. 영화에서 가장 탁월한 개념의 숏 중 하나는 케인의 죽음을 알리는 숏이다. 보통 삶은 움직임과 흰색으로 표현되고, 죽음은 부동성과 검은색으로 표현되는 데 반해 여기서 삶은 신문에 흰색 바탕에 분명한 검은색 정사진들로 묘사되어 있고, 죽음은 환하게 조명된 신문을 통해 검은 바탕에 불분명한 흰색의 움직이는 활자로 되어 있다. 시사뉴스 영화를 끝으로 영화는 표현주의로 회귀하는 경향을 보인다. 영사기에서 비치는 빛밖에 없는 영사실 안에서 얼굴이 음영으로 보이는 기자들은 그들이 본 것을 설명하고 있다. 영사실에서 빠져나온 카메라는 곧 작동하게 될 흰색 스크린 앞으로 우리를 인도한다.

## 사실주의인가? 표현주의인가?

영화의 특징인 왕복 작용에서 엘 란초의 방문은 확실한 사실주의에서 연유한다. 우리를 수잔의 집으로 인도하는 화려한 **카메라의 움직임**과 카바레와 그 여주인의 피폐한 모습은 대조적이다. 앞 장면의 짧은 숏에 2개의 긴 숏(첫번째 숏이 유리창 높이에서 커트되었기 때문에 실제로는 3개의 숏이다)이 이어진다. 숏은 전화박스에서 바뀌게 된다. 프랭크 보어제이지 류의 사회멜로드라마가 부각된다. 우리는 이런 새로운 약호에 익숙해지게 되면 금방 다른 세계로 다시 떠난다. 대처 도서관에 도착하면서 생각하게 되는 것은 세 가지 조명 방식의 창시자 프리츠 랑이다. 여기서 표현주의는 의미의 뒤틀림이 아니라 총체적 구성력이고, 나치즘이 그런 구성력을 발휘했던 것과 같은 초인적 단계이다. 시퀀스 안에서까지도 단절은 계속된다. 어린 시절의 시골 세계와 라카바[1] 류의 코미디 숏들로 넘어

가면서 공식적인 기술의 딱딱한 규범을 구현하는 은행의 상당한 규모는 일치한다.

번스타인의 사무실은 공인된 것이 아니어서 물론 의식적이지만 사람이 있기 때문에 포근하다. 오슨 웰스의 **미장센 작업**의 좋은 예는 사무실에 톰슨과 단둘이 있는 것처럼 새로 시작되는 장면인데, 이 영화에서 가장 긴 시퀀스 숏(2분 37초)으로 이루어진다. 오슨 웰스는 연극에서처럼 몇 가지 소품과 관련하여 위의 두 인물을 배치하고 있다. 소품으로 불이 활활 타고 있는 벽난로 위의 벽에는 케인의 초상화, 두 사람 사이에 놓인 큰 기능성 탁자, 현관 쪽에 놓인 텔레타이프와 안락의자가 있다. 오슨 웰스는 무대장치로부터 단 하나의 숏으로 되풀이해서 연극의 방식(여러 인물들 중 번스타인 한 사람만 이동)과 영화의 방식(카메라의 이동)을 동시에 구사한다. 처음에 카메라는 수직으로 삼등분하여 장면 전체를 잡는다. 이 장면은 초상화와 벽난로의 경계가 정해진 케인-벽난로-불이 있는 공간, 번스타인이 앉아 있는 안락의자의 공간, 사무용 탁자와 기둥으로 톰슨의 공간이 분리된 번스타인의 공간으로 삼등분되어 있다. 번스타인이 회상에 젖어 혼잣말을 하기 위해(내 경우를 들어 보시오, 예를 들어……) 톰슨과 이야기를 중단할 때, 카메라는 케인과 톰슨을 벗어나 전진한다. 관객에게는 번스타인과 사무실 거울에 비친 그의 모습만이 보일 뿐이다(화자와 그의 분신은 하나가 된다). 번스타인이 다시 증언하기 위해 회상에서 벗어나는 순간 오슨 웰스는 담배를 트릭으로 이용한다. 번스타인이 담배를 하나 꺼내자 톰슨이 불을 붙여 주기 위해 다가간다. 그것은 적절한 시기에 그를 화면 영역으로

---

1) 그레고리 라카바(1892-1952): 《마이 맨 갓프리》를 만든 미국의 감독.

끌어들일 수 있고, 번스타인의 거울에 비친 모습을 없애고 화면의 재구성을 입증해 준다. 번스타인은 더 이상 등장할 이유가 없다. 대처의 이름이 거명되자 거의 동시에 번스타인은 자리에서 일어나 사업과 은행계를 연결시켜 주는 물건인 텔레타이프가 있는 쪽으로 걸어간다. 번스타인은 걸어서 돌아온다. 그는 케인의 초상화 밑에 와서 케인을 떠올리는 바로 그 순간 초상화를 바라본다. 이것을 계기로 그는 대처에 대해 다시 언급하게 된다. 대처의 이름으로 담배에서 남는 것은 두번째 거부의 표현처럼 불 속에 격렬한 움직임으로 나타난다. 그리고 나서 번스타인은 르랜드를 만나 볼 것을 권한다. 르랜드와 관계된 모든 것은 편안한 안락의자에 앉은 이후에 이야기된다. 이때 여기서 안락의자는 사무용 의자와 상반된다는 것을 발견할 수 있다. 이렇게 다른 감독에게 있어서 느긋하게 텍스트에 부여될 수 있는 것이 여기서는 극도의 일관성을 가지고 시나리오를 영화 작품으로 바꾸어 놓는데, 배우들의 이동과 제스처에 카메라의 동선 변화로 배가된다.

전체적으로 일관성을 찾을 수 있도록 이런 방식으로 모든 영화를 선별할 필요가 있을 것이다. 관객이 종종 정의하기에 상당히 어렵고, 걸작의 시각에서 벗어나 있는 느낌은 끝과 중간에서 발견되는 내적이고 변함 없는 조화와는 근원적으로 다를 수밖에 없다.

## 코미디와 '뮤지컬'

젊은 시절의 번스타인의 등장과 함께 영화에 즐거움이 도래한다. 신문사에 케인과 르랜드의 등장은 주제가 말해 주듯이 이중의 주제를 드러내는 멋진 역할뿐만 아니라, 1930년대 유행하던 장르인 슬랩스틱 코미디 영화의 원동력을 이용하고 있는 장면이다. 무성 영화 시절부터 존재했던 상황극 코미디와 해설자에게 의존하는 우스 꽝스러운 코미디(막스 형제의 경우)에 비해 유성 영화는 시계추가 움 직이듯이 줄거리와 맞받는 대사, 주변 소리가 리듬 있는 장면으로 조화를 이루는 코미디에 초점을 맞추도록 한다. 언론사를 배경으로 하고 있는 몇 편의 영화들 중 테이 가넷의 《제1면의 사랑》(1937)이나 루이스 밀스톤이 1931년에 감독했고 《시민 케인》을 준비하는 동안 하워드 혹스가 찰스 리더러(비슷한 시기에 웰스의 전부인 버지니아 웰 스와 결혼한)의 시나리오로 《금요일의 여인》이란 제목으로 리메이크 하던 중이었던 《제1면》과 같은 영화를 먼저 손꼽을 만하다. 오슨 웰 스는 또 한번 잘 알려진 분야에 뛰어든 것이다.

신문 만들기를 즐기는 시대에 뒤떨어진 청년 밑에서 긴 이빨을 가 진 상어처럼 탐욕스러운 사람을 저버리는 발행인의 서약을 할 때 (관객들은 클로즈업으로 잡은 신문 꾸러미에 가는 줄이 어떻게 케인의 선언문만 밝게 비추는 그림자를 드리울 수 있는가를 이상하게 여기게 될 것이다) 신중함을 보이지만 축하연에서 코미디 같은 인상을 준다. 오슨 웰스는 뮤지컬 코미디 영화의 거장들 중 한 사람 같은 후예가 되지는 않는다. 되풀이하자면 이 영화는 유성 영화와 함께 탄생되 어 1930년대 관객들의 폭넓은 지지를 받았던(《리오 리타》(1929) 《기 상 준비》(1930) 《딕시아나》(1930) 《카리오카》와 RKO의 영화들을 예로 들어 보자면 프레드 어스테어와 진저 로저스가 만든 다른 영화들을 꼽 을 수 있다) 장르이다. 《시민 케인》은 이에 적합하지는 않지만, 그 래도 음악과 영화의 관계를 세 번 되풀이해서 다루고 있다는 것을 확인하는 것밖에 달리 도리가 없다. 이것은 첫번째 버스비 버클리 에게 정겨운 '소녀합창단'의 형태로, 두번째로 촬영된 오페라 장면 에 수잔이 등장하는 장면에서, 세번째 소풍 때 재즈 음악이 깔리는

번스타인과 르랜드, 케인, 춤추는 무용수들

장면에서 확인할 수 있다. 사실 뮤지컬 장르들은 모두 스크린에 투사될 때 재현될 수 있도록 하기 위한 오페레타밖에 없는 것 같다. 춤추는 장면에서는 번스타인과 르랜드가 논쟁을 벌이는 동안 행위가 거울에 비친 아름다운 순간을 평가해야 한다.

## 감상적 코미디

에밀리의 왈츠 음악 모티프에서 영화는 처음으로 감상적 코미디로 바뀐다. 이것은 오슨 웰스의 경우 찰스와 에밀리의 결혼 생활의 10여 년을 6개의 숏으로 축약시킨 이미 언급된 바 있는 장면으로, 1930년대 영화의 중요한 또 다른 원천인 **소설적 기반**에 가까운 경우이다. 《시민 케인》이 연출되기 30년 이전부터 영화는 문학의 무한한 보고에서 주제를 찾으려는 길을 모색하고 있었다. 유성 영화는 심리적 전개를 무성 영화보다 훨씬 더 가능하게 만들 수 있었기 때문에 새바람을 불어넣었다. 레퍼토리 전체는 어려워지게 되지만 그것은 영화에 많은 시대 반영, 내면파의 로맨스, 역사적 맥락의 웅장한 묘사를 가져다 주게 된다. 시간이 흐름에 따라 의상의 변천을 가져오고, 분장으로 노쇠함을 보여 주는 중요한 자료가 되지만 상반된 심리적 충동은 결정적인 것으로 남는다. 오슨 웰스는 이 시퀀스로 조지 쿠커의 《마치 박사의 네 딸》(1933)이나 존 스탈의 《뒷골목》(1932) 같은 영화들과 경쟁한다. 존 스탈의 영화에는 이미 한 여인이 유명인사의 정부가 되어 있다.

찰스와 수잔의 만남으로 이전 장면의 가볍고 감상적 처녀 취향의 해석으로 완전히 전락하게 된다. 이것을 완전히 이해할 수는 없지만(고전이 된 작품에 의한 고려는 없다), 팔에 안길 자세가 된 젊고 가련한 세상 물정 모르는 아가씨와 마주친 세상 물정을 너무 잘 아는 부유하고 권력 있는 사람의 이야기는 재개봉관에서 동전 3개로 볼 수 있는 저질 멜로드라마의 주제(행복한 결말이 아닌 경우 제외)이다. 이런 드라마는 오늘날 수프 오페라²란 명칭으로 지칭되고 있다. 이것은 오슨 웰스가 장르 영화에 수용시키려고 한 것에서 아무것도 끌어내지 못한다. 부감촬영을 주로 사용하여 활동력의 관계를 결정짓는 영화에서 케인이 어머니에 대해 이야기하자마자 찰스와 수잔이 나란히 앉아 있을 때 감독이 이것을 단절시키기 위해(알아채지 못하도록 전통적인 역사촬영의 화면 영역을 한번만 사용함으로써) 거의 같은 시선을 얼마나 정확하게 받아들이고 있는지 주목해 볼 필요가 있다.

이 장면부터 영화는 역행하기 시작한다. 이 영화는 고대 양식을 모방한 대작 영화(오페라 상연에서 세실 B. 드밀의 영화 곁눈질)나 서부 영화(르랜드가 의기양양하게 들어간 술집의 문이 살롱의 출입문과 비슷한 것이라 해도), 갱스터 영화(레이먼드만이 이런 경향의 인물이다), 카프라 류의 영화를 왜곡시킨 정치 영화(단역의 게티스가 제 역할을 다하고 있다)가 될 수 없으면 재너두 성에서 판타지 영역을 되찾기 전에 가슨 캐닌 류의 코미디 영화의 장면들(노래 강습 선생)이나 와일러 류에서 흔히 볼 수 있는 장면들(처음 만난 다음날의 케인과 수잔), 극적인 순간들(수잔의 자살 기도)로 귀착된다. 이 영화는 예전에 감독이 케인의 엄청난 열정의 이미지로 만들었던 스타일들을 아주 폭넓게 총체적으로 여전히 남겨 놓고 있다.

2) 주로 비누 회사가 스폰서가 되었던 홈 멜로드라마. [역주]

# 시퀀스 분석

우리는 의지와 상관없이 운명이 결정된 케인의 삶의 두 순간을 시퀀스 분석으로 고찰해 보기로 한다. 첫번째(시퀀스 4)는 어린아이가 자기 의지와 관계없이 억지로 가족과 헤어질 때 대처의 증언의 시작 부분(운명의 실타래 시작 2A)에 놓인다. 두번째(시퀀스 6)는 게티스가 케인에게 가족과 정치가의 길, 부인과 정부 중 선택하도록 강요할 때 르랜드의 증언(운명의 실타래가 거의 풀리기 시작 4B)에 들어 있다. 두 진술이 영화의 전체적인 구성에서 좌우 대칭을 이루기 때문이다.

## 시퀀스 4: 가족과 헤어지는 어린아이

사건들을 상기해 보기로 한다. 말도 못 붙이게 한 수잔의 집을 방문하고 나서 실망한 톰슨은 대처의 회상록을 열람하기 위해 대처 도서관으로 간다. 그 엄숙한 분위기에는 모두가 우리로 하여금 표현상 종교적 의미를 포함하여 계시를 느끼게 한다. 육필 원고들은 감실(龕室)에서 꺼내듯이 금고에서 나온다. 유일한 조명은 그림에서 신성한 것으로 여겨졌듯이 허공에서 들어오는 빛(예를 들면 휴버트와 얀 반 에이크가 그린 《신비스러운 어린 양의 숭배》 참고)이다.

전환점은 빈 화면을 채우는 책으로 이루어진다. 검은 글씨로 적혀 있는 이름 찰스 포스터 케인과 눈 속에 묻힌 문장의 첫 단어들을 나타낸다. 음악이 눈밭에서 혼자 눈썰매를 타며 눈을 뭉쳐 던지는 어린아이에게로 인도한다. 순간적인 짤막한 숏으로 뭉친 눈에 맞은 부분에 그것이 깨지면서 확연하게 드러난 간판 글씨 '케인 부인의 하숙집'이 보인다. 이것은 하숙집이 어린아이 어머니의 소유였다는 것을 보여 주었던 시사뉴스 영화의 숏을 떠올리게 만든다. 이때(더구나 이것은 운명의 실타래의 변화이다) 엄밀한 의미로 장면이 시작된다. 이 장면은 거의 같은 지속 시간의 **2개의 긴 숏**(첫번째 숏은 1분 41초 20이고, 두번째 숏은 1분 50초 10이다)으로 이루어져 있다. 이어서 편집된 두 숏은 일종의 원, 아니 오히려 수평숏에서 집 밖에 있는 어린아이로부터 시작해 그곳으로 되돌아오는 꽉 닫힌 타원형을 이루고 있다. 이런 여정이 끝날 때 어린아이의 운명은 정해진다. 우리는 같은 자리에 있지만 모든 것은 달라진다.

**첫번째 숏**은 트릭 효과로 시작된다. 카메라가 집 안에 들어와 있다는 것을 전혀 알 수 없다. 어린아이는 끝없이 펼쳐진 설원에 있다. 오슨 웰스의 목적은 분명하다. 곧이어 대조적으로 감옥과 같다는 생각을 받아들이기 이전에 그런 생각을 부정한다. 그리고 나서 다른 요소들은 모두 배제하고 어린아이와 눈썰매와 눈을 연결시킨다. 분명한 것은 눈이 순수, 순진무구, 놀이, 어린 시절의 세계를 나타낸다는 것이다. 이것은 뭉친 눈, 눈 덮인 집과 눈썰매를 내포하고

있는 보호 감옥과 같은 유리공 로즈버드를 가리킨다. 케인이 어린 시절에 대한 향수를 간직하고 있다는 것은, 주인공의 젊음과 죽는 순간까지 손에 쥐고 있던 둥근 유리공(황제들의 권위의 표시)을 결합시켜 놓은 이런 이미지로 확실해진다. 눈과 장밋빛 봉오리 로즈버드는 서로 조화를 이루도록 되어 있다. 보충 설명은 그 다음에 이루어진다. 불은 당연히 눈과 상반된다. 대처가 뉴욕에 가져다 준 눈썰매는 활활 타는 벽난로 앞에 놓여 있다. 그 이전에 케인은 불이란 요소와 연관을 갖게 된다. 예를 들면 번스타인의 사무실에 내걸린 케인의 초상화는 불이 지펴 있는 벽난로 위 눈에 잘 띄는 곳에 있고, 재너두 성의 불타다 꺼진 벽난로는 장식품 이상의 것이다. 오슨 웰스가 눈을 끌어들인 것은 눈썰매가 불태워지게 되기 때문일지도 모른다. 그러나 이 단계에서 그것을 알아내기는 어렵다.

카메라는 은유적으로 어린아이의 자유스러운 공간을 한정시키는 창틀을 벗어나 후진하기 시작한다. 그리고 나서 모습이 드러나는 것은 어머니이다. 첫 몇 마디("조심해…… 목도리를 잘 둘러")는 모두 자유 침해이다. 그리고 대처의 모습이 보이고, 마지막으로 아버지의 모습이 보인다. 이런 순서는 세 어른을 옆에 있는 책상으로 인도하는 과정에서 지속되고 있다. 어머니가 움직이기 시작하면 대처 씨와 아버지가 뒤따라 움직이면서 창문을 가려 상징적으로 어린아이를 무시하는 결과가 된다. 이것은 오슨 웰스가 이어지는 다음 신에서 어린아이가 관객의 눈앞에 와 있게 되는 것을 신경 썼기 때문에 더욱 가시적으로 나타난다.

우리는 이 숏에서 기막힌 몽타주의 예를 발견할 수 있다. 다른 두 사람이 모르는 체하는 아버지의 화난 듯한 항의는 들리지 않는다 해도 영상으로 상황은 충분히 이해될 수 있다. 중앙에 초점 심도로

방 안에서 일어나고 있는 일을 모른 채 자기 세계에 빠져 놀고 있는 어린아이의 모습이 보인다. 오른쪽에 스크린의 절반 이상을 점유하고 있는 어머니와 대처 씨의 모습이 보이고, 왼쪽에 영상의 축소된 부분만 차지할 수밖에 없는 아버지가 홀로 서 있다. 아버지는 첫 숏에서 등장하기 때문에 거대한 대처 씨의 중절모와 일치하는 약간의 공간을 공유할 수밖에 없다. 결정권은 어머니에게 있어 그녀는 아들의 문제를 은행가에게 위임하기로 한다. 이런 결정을 이해하려면 실존에 대한 신교도적인 관념에 젖어 있어야 한다. 가톨릭교가 무엇보다도 돈을 유혹의 근원으로 여기는 반면(또한 가난을 성직자의 세 가지 기본적인 소원 중 하나로 삼는다), 신교는 정직하게 벌었다면 신의 은총의 계시로 여긴다. 여기서 케인이 여러 가지 사정이 겹쳐서 받은 재산은 (…) 뜻하지 않은 것이다(우리는 허스트…를 생각한다면 유물론적 해석으로 존 포드의 《젊은 링컨》을 생각해 볼 수도 있다. 이 영화에서 어머니가 빚 대신에 받은 경이륜마차에서 우연히 발견된 블랙스톤에 대한 '해설'이 링컨의 장래를 결정해 주게 된다. 포드 영화의 장면은 일리노이 주의 뉴 세일럼에서 전개되지만, 케인의 광산은 콜로라도 주의 리틀 세일럼에 있다. 링컨은 케인이 태어난 해로 추정되는 1865년에 세상을 떠난다. 케인에게서 링컨의 불길한 빙의를 엿볼 수도 있다. 이것은 링컨의 이상을 왜곡시킨다. 이것이 해석의 한계이든 해석의 오류이든 거기가 거기다). 따라서 어머니가 가치관이라는 틀 안에서 아들을 은행가에게 되돌려보내는 것은 당연한 일이다.

아버지는 아버지의 자리를 지키기 위해 다가간다. 오슨 웰스의 경우, 아버지를 프레임 안에 위치하도록 만들기 위해 카메라를 약간 팬(수평 이동)시키지 않을 수 없는 구실이 필요했을 뿐이다. 그러나

이렇게 함으로써 서류에 서명하는 어머니의 모습은 보이지 않게 된다. 오슨 웰스는 어머니 뒤에 있는 가구 위에 놓여 있는 눈이 내리는 듯한 광경이 비치는 유리공이 잠시 동안 보일 수 있게 한 다음, 가볍게 프레임을 재구성하여 서류로 되돌아오도록 카메라를 반대로 이동시킨다. 이때 이 부분이 지나가고 나면 아버지는 아들을 지키기 위해 상징적으로 창문을 닫는다. 어머니 역시 상징적으로 창문을 다시 연다. 숏은 끝난다.

도덕적 본분에서 어머니는 아들을 포기하고 생이별할 결심을 한다. 카메라의 이동으로 내리닫이창을 여는 어머니의 모습을 보여 주는 숏의 변화(영화의 편집이야말로 가위로 자르는 것이다)는 분명히 상징적인 거세에 해당한다. 게다가 숏의 변화는 180° 법칙의 장면 연결로 관객에게 매우 충격적으로 보이도록 이루어진다.

숏의 변화는 시점의 변화와 일치한다. 첫번째 숏은 자신도 모르게 흔들리기 시작하는 케인의 삶을 보여 준다. **두번째 숏**은 케인이 바로 전에 내려진 결정에 어떻게 반응하는가를 알 수 있게 해준다. 관점의 전도는 배경의 이면을 관찰할 수 있도록 해주는 기능을 하기도 한다. 케인이 죽은 뒤 재산 목록 작성 때 지적된 진품들 중 하나에 해당되는 난로(4원소의 불)가 선행된 카메라의 이동으로 보일 수 있게 되듯이 역사촬영으로 뚜껑이 열린 피아노가 보인다. 이것은 케인이 수잔에게 갖게 될 관심을 예고해 준다.

두번째 숏의 시작은 첫번째 숏의 시작과 정반대이다. 창문이 보이지 않기 때문에 바깥쪽만 볼 수 있는 것처럼 안쪽만 보인다. 인물들은 삼각형으로 배치되어 있다. 첫번째 숏의 어머니와 두번째 숏의 대처 씨는 스크린의 절반을 점유하고 있고, 아버지는 남겨진 약간의 공간에 홀로 고립되어 있다. 이런 구도는 세 인물이 어린아이가 있는 곳으로 가기 위해 방에서 나갈 때까지 유지된다(어린 찰스를 불러 방으로 들어오게 했다면 신은 달라졌을 수도 있다). 먼저 어머니가 밖으로 나가고, 대처 씨가 뒤따라 나가 앞질러 간다. 그제서야 아버지는 밖으로 나온다. 그와 동시에 눈썰매를 꼭 껴안고 있는 찰스의 모습이 화면 영역으로 들어온다.

하숙집을 나와 세 어른은 하숙생들에게 식사 시간을 알리기 위해 사용되었을 것 같은 처마 밑에 매달려 있는 트라이앵글을 과시하는 듯이 지나친다. 다음 장면(신)에서도 계속 보이는 트라이앵글과 눈사람은 감독이 공간에 인물을 배치하기 위해 사용한 두 가지 소품이다. 삼각형 구도가 깨지지 않는 것이 중요하고, 눈사람이 축의 역할을 하는 일종의 구석 차지하기 놀이에 참여하고 있는 듯한 느낌이 들 수 있다.

첫번째는 트라이앵글을 정점으로 왼쪽에 어머니와 대처 씨, 오른쪽에 케인, 안쪽에 아버지가 있다. 아버지는 이야기에 끼어들려고 애쓴다. 아들의 시선이 아버지와 마주친다. 잠자코 있으라는 어머니의 명령. 순종적인 아들은 어머니 곁으로 간다. 이 마지막 삼각형 구도는 깨지게 된다. 아버지는 거의 배제되어 눈사람 뒤에 홀로 서 있다. 그래도 아버지는 다시 끼어들기를 시도한다. 잠깐 눈길을 줄 뿐 소용없는 일이다. 이때 아들은 멀어지면서 어머니에게 어머니도 훗날 올 것인지 묻는다. 아버지는 눈사람 앞을 지나쳐 다가가다가 포기하고 만다. 아버지는 이별을 아쉬워할 뿐이다. 갑자기 상황을 알아채고 찰스는 상징적으로 눈썰매의 다리로 프레임이 만들어진 스크린 안에 스크린을 다시 만들면서 자기를 방어한다. 이것이 중요하지는 않다. 찰스는 눈썰매를 이용해 대처 씨를 눈밭에 밀

치면서 자기 세계에서 일시적인 승리감을 맛볼 수도 있다(소란중에 눈썰매에 그려진 장미가 언뜻 보인다). 모든 일이 벌어진 셈이다. 대처 씨는 일단 아이를 새로운 세계로 데려가기만 하면 넘어지지 않아도 된다.

짤막한 숏은 케인을 아버지에게서 떼어 어머니의 품에 안겨 놓으면(잠시일 뿐만 아니라 일생 동안) 단절을 끝낸다. 이런 과정은 인적 없는 눈밭에 묻힌 눈썰매를 보여 주는 숏으로 끝난다. 이제 아무도 **로즈버드**가 무엇인지 알 수 없을 것이다.

# 시퀀스 6: 케인의 정적 게티스

이 시퀀스는 시퀀스 4와 유사하다. 그래서 두 시퀀스의 같은 점과 다른 점을 명확히 밝히면서 고찰해 볼 것이다.

케인이 수잔에게 살게 해준 아파트 안의 장면(신)은 앞의 장면(신), 즉 시작해 보지도 못하고 선거전에 실패한 케인과 마찬가지로 중요한 공통점을 보여 준다. 두 장면(신)은 여러 가지 유사성을 나타낸다. 둘 다 모두 네 명의 인물이 등장하고, 이럴 경우에만 사용되는 배경에서 전개된다.

게다가 두 장면(신)은 대비된다. 시골, 낮, 밝음, 어린 시절, 순박한 세계 다음에 도시, 밤, 어둠, 성년기, 죄악의 세계가 이어진다. 이전의 장면(신)은 시작과 끝을 제외하고, 타원형의 이색적인 이동으로 구성된 2개의 숏으로 처리되었다. 타원형의 구성은 시작했던 것(중요한 세부 묘사에 가깝게)과 마찬가지로 출발점으로 관객을 이

끄는 고리 모양의 원리를 따르고, 순환이 이루어졌다는 것을 무시한 듯이 끝난다 해도 윤곽은 두드러진다. 첫번째 장면(신)은 수평적 숏으로 전개되었다. 여기서는 계속 수직성을 느끼게 한다.

장면(신)이 출입문 앞의 외부 숏으로 시작되어 같은 숏으로 끝난다는 것을 인정하면, 그것은 불균등하게 다시 시작되는 16개의 숏으로 구성된다. 필수적인 호흡을 나타내는(마지막 숏이 시작 숏보다 약간 더 길다) 출입문의 숏을 무시한 채 장면(신)의 70퍼센트는 처음 4개의 숏 안에서 이루어지고, 반면에 23퍼센트는 숏 9와 숏 10에서 이루어진다. 하나의 숏(숏 3)만이 하숙집 장면(신)의 숏들보다 약간 더 길다. 사실 하숙집의 장면(신)에는 존재하지 않는 부감촬영(하이앵글)과 앙각촬영(로우앵글)의 사용으로 영화의 이 부분에 리듬감을 주는 것은 아주 짧은 4개의 숏으로 이루어진 두 그룹이다. 또다시 이 장면(신)은 모든 놀라움을 완화시킨다. "그러면 케인씨를 들여보내"라는 수위(집 안에서 케인 씨라는 것을 알고 있다)의 조롱기 섞인 말(관객을 위한)과, 곧이어 게티스에게 생긴 일이 상황을 즉각적으로 이해할 수 있게 해준다. 그와 반대로 게티스의 음모가 어떤 점에서 복합적인가를 분석하는 데는 많은 시간이 걸릴 수 있다. 게티스는 케인을 전화로 협박할 수도 있다. 그 방법 대신에 게티스는 케인의 부인이 남편을 대동하고 올 수 있을 것이라고 생각하고, 수잔으로 하여금 케인의 부인에게 당장 와 달라고 요구하도록 강요한다. 게티스가 행한 것은 상황을 극적으로 만들어 케인으로 하여금 선택의 기로에 서게 만들기 위한 것으로 가정해 볼 수 있다. 이런 논리적 근거는 설득력이 없기는 하다. 게티스는 전화상으로 케인에게 수잔과의 관계를 부인에게 폭로하지 않겠다고 말할 수도 있었다. 이것은 게티스가 케인의 부인을 수잔의 집으로 오도록 만듦으로써 포기하게 만들려는 카드이다. 결코 다시 서로 만날 수 없는 네 인물을 만나게 하려는 의도 외에 구조적인 진정한 이유는 게티스에게 한 장면(신)의 시간, 즉 세상을 자기 생각대로 정리할 수 있는 능력을 전이시키려는 것이다. 이것은 일시적이지만 자기 힘의 과시로 삼은 게티스의 거친 표현에 의해 다시 제시된 감독의 입장이다.

네 구역으로 나눠진 반원형 유리 위에 활짝 열어젖힌 문 앞에 찰스와 에밀리, 흰 옷을 입은 여인과 검은 옷을 입은 남자가 서 있다. 이런 구조에서 상징적인 이미지는 "누가 누구의 옆에 있는가?"라는 질문이 다시 화제가 된다는 것을 예고해 준다. 화면 영역으로 고정되어 있는 것처럼 케인과 그의 부인은 이미 수잔이 등장한 숏에 들어와 있다. 문틀은 교수대처럼 보인다(마찬가지로 전선 피복은 아파트 벽에 매놓은 목매는 줄과 비슷하다). 진짜 예기치 않게 나타난 인물 게티스는 문틀로 나타난다. 영상으로 미장센의 배치를 바꾸는 것은 지루하게 만들 수도 있다. 이것은 빛과 그림자에 대한 연구에 수반된다고 간단하게 지적할 수 있을 것이다. 처음에 게티스는 어둠 속에 있다. 케인이 수잔의 눈길을 외면하고(이것은 수잔을 숏에서 사라지게 만든다) 게티스와 마주 보며 서 있게 될 때, 두 사람은 완전히 어둠에 싸인다. 반면에 에밀리는 초점 심도로 확연히 나타난다. 오슨 웰스는 화면 영역 안에 인물들의 위치에서와 마찬가지로 빛과 어둠 속에서도 연기시킴으로써 거기서 생길 수 있는 이중적 암투에서 남자들 사이의 권력 다툼과 여성들 사이의 감정적 대립을 구별하고 있다. 이런 이중적 상황이 어린 케인의 부모 집에서는 존재하지 않는다. 마지막 부감촬영으로 이루어진 부분을 눈여

겨볼 필요가 있다. 즉 케인은 게티스를 감옥에 처넣겠다고 위협하는 허세를 부리지만 게티스는 승리했고, 그는 이미 예견하고 있었다. 부감촬영으로 그 반대를 단언하기는 어려울 수 있다.

시퀀스 6: 공간, 빛과 어둠, 부감촬영과 앙각촬영의 역할

# 비평적 관점
## 영화비평

## "특별히 새로울 것은 아무것도 없다"

에릭 폰 슈트로하임의 비평은, 오슨 웰스의 영화 첫 시사회가 열린 지 3개월 뒤인 1941년 6월에 발표되었다.

이 글이 오슨 웰스가 자기 영화에 출연해 연기하듯이 '성삼위일체'의 역할을 맡았던 감독이 쓴 최초의 영화비평일 것이다. 우리에게 있어서 '삼위일체'는 시나리오 작가·감독·배우의 역할이 동일한 사람에 의해 이루어지는 것을 의미한다. 이 세 가지 역할을 완벽하게 소화해 낸 사람은 어쨌든 진정으로 같은 시도를 해본 적이 있는 사람에 의해서만 충분한 평가를 받을 수 있는 큰 작업에 참여할 수 있다. 사실 오슨 웰스는 '제작자'이기도 했기 때문에 나보다 "한 수 위이다." 오슨 웰스는 '제작자'로서 감독 오슨 웰스에게 반대하지 않고, 시나리오 작가 오슨 웰스의 계획을 실현할 수 있도록 해주었다. 그리고 감독 오슨 웰스는 배우 오슨 웰스에게 원하는 대로 연기할 수 있게 해주었다. (…)

나는 중요한 요소인 주제(오슨 웰스의 기법과 상관없이)로 시작할 것이다. 《시민 케인》은 주제에 대해 많은 비평을 받을 만하다. 이것은 문외한도 확인할 수 있는 노력이나 시간, 돈의 엄청난 투자를 정당화시키기에 그렇게 필요한 것도 극히 중대한 것도 아니다. 이것은 과도한 야심을 품은 인간에 대한 스토리 그 이상이다. 이 영화는 한편으로 주지사의 자리를 노리는 신문사 사장에 관한 이야기이다. 그는 오로지 몰락하는 것을 보기 위해 거대한 언론 왕국을 건설했던 사람이다. 또한 수집한 것에 대해 조금도 관심이 없으면서 지구상에 있는 것이면 무엇이든 수집하는 사람이기도 했다. 그는 한 여인 때문에 조강지처와 외동아들을 버린 사람이지만, 결국 그 여인에게 버림받게 된다. 그는 처음에 어쨌든 이상을 품었지만, 이상에 맞는 위치에서 삶을 영위하기에 충분한 인격을 소유하지 못했다. 시민으로서 케인은 세 가지 사실, 즉 한 인간으로서의 케인, 공인으로서의 케인, 재너두 성의 주인으로서의 케인에게서만 진정한 중요성을 찾을 수 있다. 이 모든 것에서 특별히 새로울 것은 아무것도 없다. 이런 일은 현실에서 수천 번 일어날 수 있고, 이것은 종종 영화화되기도 했다. 여기서도 이전 영화들의 과오가 되풀이되었다. 실험실에서 이루어지듯 시민으로서의 케인의 심성과 정신에 대한 세밀한 분석은 소홀하게 다루어졌다.

어떤 사람도 동기 유발, 행위, 반응에서 만회가 가능한 유일한 자질을 발견할 수 없을 만큼 이기적이고 모질지 못하다. 사건이나 특이한 아름다움, 죽어가면서 속삭이듯 내뱉은 어린아이의 눈썰매에 붙은 상표 '로즈버드'를 제외하고, 케인을 인간적으로 이해할 수 있게 만드는 영화에서 잡힐 만한 것이 하나도 없다. 어떤 인간의 탐욕스러운 야심을 진정으로 이해할 수 있고 관심 끌게 만들려면, 그런 괴물 같은 존재가 된 요인들을 분명하게 밝힐 필요가 있다.

에릭 폰 슈트로하임, 《포지티브》 제93호, 1968년 3월호.

# 이중적 접근이 가능한 영화

《시민 케인》(아르헨티나에서 《시민》이란 제목으로 소개된)은 적어
도 2개의 주제가 있다. 첫번째는 진부해서 거의 드러나지 않는 주
제이지만 넋놓고 관객들의 박수갈채를 받을 수 있다. 그런 목적에
서 이것은 아주 인상적이다. 허영심 많은 백만장자는 조각상, 공원,
궁전, 수영장, 여러 대의 자동차, 장서를 수집하고 남녀들을 모은다.
옛날 수집가의 이미지로 투영되는(성령에게 관례로 관찰을 책임지우
는) 백만장자의 그런 혼합과 풍부함은 허영에 불과할 뿐이다. 생의
마지막 순간 그는 세상에 하나뿐인 물건, 즉 그가 어린 시절에 즐
겨 가지고 놀던 보잘것없는 눈썰매만 원했던 것이 아닐까! 두번째
주제는 훨씬 정도가 높다. 그것은 코헬레스에 대한 기억과, 또 다
른 허무주의자 프란츠 카프카에 대한 기억을 연결시키고 있다. 이
주제는 형이상학적이고 탐정물 같고, 심리학적이면서 우의적이기
때문에 한 인간 자신이 쌓은 업적과 내뱉은 말, 억누를 수밖에 없었
던 수많은 숙명적인 일들을 통한 은밀한 영혼의 발견이라고 할 수
있다. (…)

축하연, 궁전, 대기업, 작가들이나 기자들과의 식사, 숨김 없고 솔
직한 우정의 진심어린 분위기는 무엇보다도 소름끼친다. 《시민 케
인》은 이런 진실을 어느 정도 의식하면서 그런 면들을 보여 준 최
초의 영화이다.

일반적으로 계획의 실행은 큰 주제에 어울릴 만하다. 촬영은 배

경(라파엘로 이전의 유파들의 배경에서처럼)이 전경만큼 명확하고 충실하게 이루어져 놀라운 심도를 드러낸다.

아무도 역사적 가치를 부정할 수 없지만 아무도 다시 보는 것을 감수하지 못하는 그리피스나 푸도프킨의 몇 편의 영화들이 '영속되고 있는' 것처럼 《시민 케인》도 영속될 수 있다고 감히 예견해 본다. 이 영화는 큰 규모, 현학성, 지루함 때문에 타격을 입고 있다. 《시민 케인》은 지적이라기보다는 이 단어로 볼 때 매우 어두우면서 독일적인 의미에서 착상이 기막히다.

호르헤 루이스 보르헤스, 《쉬르》 제83호,

부에노스아이레스, 1945(앙드레 필리위가 번역하여

《포지티브》 1964년 2월호에 게재된 글).

## 천재를 구원하다

며칠 전부터 파리에서 《시민 케인》을 다시 볼 수 있게 되었다. 오슨 웰스의 이 영화는 우리가 한동안 망각하고 있었던 집단 무의식에서 벗어난 듯한 느낌이다. 이 영화가 여기 파리에서 처음으로 소개되어 이상하게 조명받게 되었을 때 독창성과 시나리오의 구조, 촬영 기법이 스토리보다 더 많은 감탄을 자아냈던 것이다. 그리고 나서 오슨 웰스의 《제3의 사나이》《맥베스》가 그러했다. 그리고 돌아와 보면 《시민 케인》이다. 처음으로 아마도 우리 역시 '영화관' 앞에 와 있지만 인간적 모험, 즉 인간의 심연을 향하고 있는 것이다. 나는 이 영화를 다시 보러 가면서 혹시 구태의연해진 것이 아닐까 걱정이 되기도 했다. 일종의 《칼리가리 박사의 밀실》과 같은 영화가 아닐까. 나는 이 영화를 다시 볼 수 있었다. 다른 눈으로, 다른 심정으로(⋯).

《시민 케인》은 부유한 자의 있을 수 있는 유일한 이미지이자 현존 세계에서 가장 묘사되기 어려운 사건이다. 그런 사건은 우리의 열정으로 이루어지고, 앞서 왜곡되기도 하기 때문이다. 끝없는 소유의 현기증을 불러일으키는 유일한 이미지는 사후에 선험적인 것은 아니지만 다른 관점에서의 이해이고 비난이다. 환상이 거치게 되는 길, 가장 강한 자보다 더 견고한 세상, 병원에서 늙어 죽어가는 젊은 시절의 동료인 부자 친구의 기막힌 장면. 그 친구는 몰래 시가 한 대를 가져다 주기를 원했고…… 우리가 그의 삶에 대해 선택할 수 있는 해석과 이기주의자의 이력과 타인들에게 권리라는 것을 부여해 주고 싶어했던 그 사람이 자기 자신에게 현기증을 느끼면서도 케인이 정말 시민이었다는 것을 우리보다 더 잘 아는 사람이었다. 하지만 그들은 고맙다는 말을 전하기 위해 단지 부여된 그런 권리 때문만이 아니라 인간의 강한 욕구로서 그에게 찬성표를 던진다.

나는 《시민 케인》에 대해 언급할 생각도, 영화의 스토리에 주석을 붙일 생각도 없다. 나는 그것으로 만족하기 때문에 이게 전부라고 주장할 수밖에 없다. 그리고 나는 타인들에게 곁에서 조심스럽게 그 천재를 구원할 것을 요구하는 바이다. 그 천재 앞에서 벌어지고 있는 것처럼 비참할 것은 아무것도 없으니 머리에 모자를 써라.

루이 아라공, 《레 레트르 프랑세즈》,

1959년 11월 26일자.

# 효과에 대한 자기 만족

오슨 웰스의 드라마는 그의 영화의 심오하고 항구적인 위대함과 마찬가지로 숏마다 읽을 수 있는, 즉 관능적인 것의 거부이고 물질적이고 타고난 불가능성이고 영화의 소재 자체를 제거하고 그것을 소수만 인정하는 무력감이다. 단순히 스토리를 이야기하거나 논단을 열어 놓는, 예를 들면 사설이나 만화와 같은 소스 아니고 무엇인가! 꿈인가! 요컨대 그것은 지금부터 1백 년 뒤 영화사가들이 효과에 대한 자기 만족이라고 평가할 수도 있고, 그에게는 순종적인 셰익스피어 숭배자에게 결국 수용될 수 있는 그런 소박하고 단순한 믿음에 불과할 수도 있을 그런 아집, 셰익스피어가 자기에 관한 일이기 때문에 그의 철학에 대한 개요보다 찰스 램에게 빠지게 되는 그런 아집이다. 약간 우쭐해서 세상에 대한 개념이라고 불리는 것은 그의 시, 운율·어휘와 불가분의 관계이고, 그것이 아니고는 이해할 수 없으며, 따라서 누군가가 오슨 웰스에게 영화의 미장센을 안정시키기 위해 카메라의 접안렌즈 뒤에 몸을 구부리기를 원하면 주제가 부스 타킹턴에서 벗어나게 된다는 것은 기억 속에 맴도는 엄청난 꿈, 즉 영상과 이에 연관된 관념, 형식과 주제, 그늘과 죽음, 웃음, 노래, 작열하는 빛을 투영시키고 원하는 방향으로, 즉 서정시와 비극의 방향으로 관객의 시선을 억지로 돌리게 만들기 위한 것이다.

알렉상드르 아스트뤽, 《레 레트르 프랑세즈》,

1959년 11월 26일자.

# 로즈버드

실존주의자들이 주장하고 있는 것처럼 여론이나 자신의 '중요한 계획'에 순응하거나 역행하는 데 엄청난 재산을 소진시키는 슈퍼맨, 시민 이상의 시민, 케인의 뒤에 숨겨진 의도는 인공 눈송이가 조그만 통나무집에 하염없이 내리는 광경이 비치는 유리공 안에 모두 담겨 있다. 감히 망령들었다고 속단할 수 없고, 한 국가의 운명을 손에 쥐고 있던 백발이 된 노인은 죽기 직전 그의 아내 수잔의 아주 작은 방을 부술 때 어린 시절의 추억이 될 수 있는 그 장난감을 온전한 상태로 손에 쥔다. 영화에서 마지막 남긴 말은 시작 때와 같은 말 **로즈버드**이다. 케인의 모험적인 삶에서 그 의미를 찾으려는 조사도 헛수고가 되어 버린 로즈버드는 어린아이의 눈썰매에 새겨진 단어에 불과하다. 자만심과 성공의 구실로 품었던 것들을 풀고 숨을 거두려는 순간에 노인의 꿈의 가장 은밀한 열쇠를 최후의 몽상에 빠뜨리게 될 때, 그의 역사적인 대사는 어린아이의 한마디에 불과하다.

앙드레 바쟁, 《오슨 웰스》, 세르프, 1972.

## 영화적 리듬의 의미

《시민 케인》에 담겨 있는 시각적이고 시나리오적인 상당한 소재가 3시간짜리 영화를 만들기에 충분할 수도 있다는 것은 주목할 만한 일이다. 우리도 《바람과 함께 사라지다》보다 《시민 케인》에 보다 많은 중요성을 부여하려는 몇몇 사람에 해당된다. 그렇지만 《시민 케인》의 상영 시간은 정확히 1시간 59분이다. 2리터짜리 병에 3리터의 물을 담게 만들었다는 것이 그렇게 폄하될 오슨 웰스의 재능은 아니다. 이 감독의 모든 문제(모든이라기보다는 대부분의 문제)는 지속 시간과 싸우는 것을 터득하는 데 있다. 많은 영화의 경우 지시적 장면(신)들은 너무 길고, '특정' 장면(신)은 너무 짧다. 이것은 결국 모든 것을 변화가 없게 하여 리듬을 단조롭게 만든다. 여기서 우리는 오슨 웰스가 라디오 방송진행자의 경험을 살리고 있다는 것을 확인할 수 있다. 그가 정보를 제공하는 장면(신)(4초 내지 8초짜리 플래시 기법의 신이 되는)과 3분 내지 4분짜리의 진짜 감정적인 장면(신)을 확실히 구별하는 방법을 배우게 된 것은 그 덕택이기 때문이다.

일반적으로 할리우드 영화들의 시나리오는 연극 작품처럼 읽히고, 영화로 만들어질 수 있도록 감독이 나타나기만을 기다리는 문학적인 소재이다. 더 정확하게 말하자면 그것은 히치콕이 그럴듯한 멸시로 이름 붙인 '말하는 사람들의 사진'이다. (…) 《시민 케인》은 소리가 대사만큼 중요한 영화이다. 대사는 모든 인물들에게 일상에서처럼 미완성의 문장으로 악보에 따르는 악기들처럼 동시에 말하도록 되어 있다. 반전통적이고, 게다가 아주 억제하기는 어렵기 때문에 거의 모방되지 않는 이런 방식은 영화의 두 여배우 케인의 부인과 정부, 정치가 짐 게티스와 케인 자신을 대립시키는 사랑의 보금자리와 같은 장면에서 절정에 이른다.

《시민 케인》은 대사의 뮤지컬 영화와 다를 바 없는 이런 개념 덕택에 대부분의 영화들과 차별화되는 것처럼 '보인다.' 맨케비츠와 오슨 웰스의 공동 작업의 결과물인 시나리오, 촬영 대본은 분명히 문학 작품으로 구성되어 있는 것이 아니라 이미 최초의 미장센이다. 연출은 제2의 미장센이고, 편집은 제3의 미장센이다.

프랑수아 트뤼포, 〈오슨 웰스〉,

《카이에 뒤 시네마》 특별호 제12호 1982년.

# 《시민 케인》의 후계작

언뜻 보기에 《시민 케인》은 후계작이 없는 영화 같은 인상을 준다. 이 영화의 위치는 매우 특별하다. 오슨 웰스는 이 영화에서 아무것도 새롭게 창조해 내지는 못했지만, 단 한 편의 영화로 1940년 영화의 기원에서 찾을 수 있는 모든 것을 총체적으로 만들어 냈다. 실행 방식은 반복될 수 있을 만큼 특별했다. 오슨 웰스는 첫 작품에서 위험을 감수하지는 않았다. 다음해 《위대한 앰버슨가》는 《시민 케인》과 상반된 입장이지 연장선상에 있는 영화는 아니었다. 일반적으로 예술적 경향은 전성기에 달했다가 쇠퇴기에 들어가기 전에 점진적으로 원숙해진다. 예술은 절정에 달하면 같은 제재를 다루면서 제자리걸음을 하다가 사라지거나 새로운 길을 모색하기 마련이다. 그렇지만 종종 파괴적인 작품은 단번에 완벽한 경지에 오르기도 한다. 이때 이런 작품들은 넘어설 수 없고 유일하며 독특한 작품이 된다. 이것이 로트레아몽이나 셀린, 발자크나 프루스트가 구별되고 《황금광 시대》와 《지난해 마리앵바드에서》《국가의 탄생》과 《환상적인 기마 여행》이 구별되는 것이다. 《시민 케인》이 예시되었던 제목들과 반대로 기존의 모든 것을 부정하기 이전에 수용하더라도 이 영화는 분명히 분류하기 어려운 작품군에 속한다. 그 결과 이 영화는 고전 영화의 마지막 작품인 동시에 현대 영화의 최초 작품으로 꼽히고 있다.

따라서 《시민 케인》의 분신과 같은 후계작을 찾으려면 시간상으로 좀더 떨어진 곳에서 찾아야만 한다. 첫번째는 감독들이 계속 염두에 두고 있는 한 편의 영화에서 연유한다. 《시민 케인》은 결코 잊혀지지 않고 지난 10년을 주기로 투표에서 항상 세계 최고의 영화로 분류되면서 여러 세대들에게 영화에 대한 욕망을 불러일으켰다. 이런 욕망이 케인의 독특한 유형으로 구현된 것은 아니다. 수잔의 방에서 모든 세간을 부수는 광기를 보이는 장면(신)에서 케인의 머리처럼 빡빡 밀어 버린 커츠 대령(말론 브랜도 분)을 보려면 코폴라의 《지옥의 묵시록》의 장면(신)을 기다려야 하고, 《시민 케인》이 어떻게 몇몇 평자들에 의해 이롭게 재해석되었는지를 이해하려면 유사하게 갑작스레 화(《킹콩》의 탄생 자체)를 내야 한다. 우리는 《지옥의 묵시록》이 오슨 웰스가 처녀작으로 만들고 싶어했던 조지프 콘래드의 《어둠의 한가운데》를 원작으로 하고 있다는 것을 기억하고 있다. 이런 경우는 드물다.

　　하지만 또한 특히 《시민 케인》의 후계작은 감독을 대등한 영화의 작가로 만들려는 요구에 있다. 제작자 영화들이 만들어진 지 10년 뒤, 마침내 서명 효과로 영화를 소설에 접근시키려는 1인칭 영화가 등장한다. 이것은 프랑스의 누벨바그로 시작된 모든 새로운 경향들로 기억되지만, 기술의 기발함이 내포하고 있는 빈약한 예산이 '누벨바그'의 영화들을 스튜디오와 카메라의 완벽을 추구하는 자들과 거리가 먼 친구의 영화로 전락하게 된다. 그리피스의 《편협》이 영화사에서 대작 영화의 유일한 실험적인 작품인 것과 마찬가지로 《시민 케인》도 그렇게 비치는 유일한 영화이다.

# 영화 용어 사전

**교차편집**: 시간상으로 동시에 일어나는 행위들을 교대로 보여 주는 방식으로 편집된 영상.

**데쿠파주**: 시퀀스, 그리고 숏(기술적 데쿠파주)으로 필름 나누기.

**동시녹음**: '대사' '음악' '주변 소리' 트랙의 결합과 배분.

**디에제즈**: "이야기된 스토리, 영화의 허구에 의해 추정되거나 제시된 세계에 속하는 모든 것."(에티엔 수리오)

**비동기성**: 영상과 소리의 괴리. 대위효과의 결과(음악/영상, 화면 밖 소리/영상, 주변 소리/영상 등).

**숏**: 촬영시: '카메라'가 찍기 시작한 순간부터 멈출 때까지 연속적으로 찍힌 필름의 부분. 편집 이후: 필름의 접합 사이에 있는 필름의 부분.

**숏의 크기**:

　　－롱숏 또는 그랑 앙상블숏: 광대한 공간에서 멀리 떨어져 있는 인물들.

　　－앙상블숏: 넓은 공간(도로, 넓은 방), 식별이 가능한 인물들.

　　－미디엄숏: 서 있는 자세로 맞춰진 인물들.

　　－아메리칸숏: 엉덩이에 맞춰진 인물들.

　　－근접숏: 허리에 맞춰진 인물들.

　　－익스트림 클로즈업: 디테일한 부분(얼굴의 일부분, 사물 등)을 따로 떼어서 촬영된 부분. 카메라의 이동이나 시각적 효과는 같은 숏에서, 롱숏에서 익스트림 클로즈업으로 바꿔 놓을 수 있다. 게다가 이런 분류는 지시적이다. 즉 중간적 화면 구성은 모두 가능

하다(어깨에 맞춰진 인물). 기준은 상대적이다(시네마스코프에서 클로즈업은 무엇인가?).

　-클로즈업: 얼굴에 맞춰진 인물들.

**슬로우모션**(고속도 촬영): 빠른 속도로 촬영한 영상을 보통 속도로 영상함으로써 얻어지는 특수효과.

**아이리스**: 렌즈 앞에 있는 열림과 닫힘을 점진적으로 조절하는 홍채 조리개.

**암전**: 영상이 사라질 때까지 점점 어두워졌다가 다음 영상이 나타나는 것.

**역사촬영된 화면 영역**: 화면 영역과 정반대의 공간 영역(예-화면 영역: 카메라를 보고 있는 인물의 숏; 역사촬영된 화면 영역: 인물이 보고 있는 대상의 숏).

**오버랩**: 영상이 겹쳐지면서 점진적으로 다음 영상으로 바뀌는 것.

**오프**: '화면 영역 밖'에 있는 모든 것(소리: 목소리나 음악, 주변 소리 오프; 공간: 화면 영역을 벗어나 있는 모든 것).

**와이프**: 보통 왼쪽에서 오른쪽으로 다음 숏에 의한 쓸어내기나 '커튼 치기' 효과.

**인화형**: 렌즈와 필름 사이에 삽입하여 시각적 화면 영역을 축소시키는 여러 가지 형태의 투명한 얇은 판.

**줌**: 카메라를 움직이지 않고도 이동촬영 효과(일명 '광학적 효과')를 얻을 수 있는 다양한 초점렌즈.

**초점 심도**: 후경에서도 전경과 똑같이 선명한 영상이 보이도록 하는 것.

**촬영 각도**(앵글): 카메라에 잡힌 시각적 화면 영역 결정. 촬영된 대상과 사용된 렌즈(열림과 초점 거리)보다는 카메라의 위치에 따라 달라진다.

**컷**: 필름의 단순한 편집. 시각효과를 무시하고 숏과 숏의 '단순한' 연결.

**콘티**: 대사와 함께 시나리오의 각 장면(신)의 서술.

**퀵모션**(저속도 촬영): 느린 속도로 촬영한 영상을 보통 속도로 영사함으로써 얻어지는 특수효과.

**투명성**: 외부 장면이 투영되는 반투명 스크린을 배경으로 전개되는 추정된 장면을 촬영하면서 생기는 효과.

**트래블링**: 이동차(레일을 이용하는 수레, 자동차, 유모차)나 손에 들고 움직이는 카메라의 이동. 전진, 후진, 좌우 이동촬영으로 구분된다.

**특수효과**: 기괴하거나 환상적(눈에 보이지 않는 인간)이거나 스펙터클(괴물, 폭풍우)하거나, 사실적이지만 스튜디오에서 연출된(스크린 이미지 프로세스) 효과를 얻어낼 수 있는 다양한 트릭 수법.

**파노라마촬영**: '다리'는 고정된 채 축을 중심으로 수평이나 수직으로 회전하는 카메라의 이동.

**편집**: 데쿠파주의 지시에 따라 촬영으로 얻어진 숏들을 자르고 붙여 조합시키는 것.

**포토그램**: 감광된 필름이 양화로 형성된 것(영사시 1초당 24개의 영상으로 전개되는 스냅사진).

**플래시**: 아주 짧은 숏.

**플래시백**: 과거로의 회귀.

**플래시포워드**: 미래를 제시하는 일시적 비약.

**화면 구성**: 촬영 각도, 숏의 크기, 화면 영역에 사물과 인물의 구성, 촬영에 따라(카메라의 이동, 배우들의 움직임) 이런 요소들의 점진적인 변화의 선택.

**화면 영역**: 카메라에 담겨 스크린에 보이는 공간 영역.

# 참고 문헌

책과 논문들은 출판 연도나 발표 연도 순으로 정리한다.

## 《시민 케인》론

### ■ 제작 과정

Carringer(Robert, L.), *The Making of Citizen Kane*, University of California Press, Berkeley, Los Angeles, London, 1985.

준비, 시나리오, 예술적 방향, 영상, 후반 제작 작업, 영화 개봉에 대해 다루고 있는 중요한 책.

### ■ 시나리오

*The Citizen Kane Book*, Little Brown, Boston, 1971, Limelight Editions, New York, 1984.

이 중요한 책에는 논쟁의 대상이 된 유명한 평론 Pauline Kael의 *Raising Kane*(*New Yorker* 1971년 2월 20-27일자에 처음 발표된 글)과 1940년 7월 16일로 추정되는 허먼 J. 맨케비츠와 오슨 웰스의 촬영 대본, 1941년 2월 21일로 추정되는 복사한 대사 목록이 첨부된 데쿠파주도 포함되어 있다. 여기저기 오류·수정도 메모되어 있다. 시사뉴스 영화가 상영되는 동안 케인의 죽음을 알리는 신문들이 연속적으로 나타날 때 데쿠파주의 작가는 그리스 신문과 중국 신문에 대해 언급한다. 사실 전자의 신문은 러시아어로 씌어 있고, 후자는 혼합되어 있다. 아마 아무도 중국어와 일본어를 이해하지 못하고 있었을 것이다.

특별호 《《전함 포템킨 *Le Cuirassé Potemkine*》과 《시민 케인 *Citizen Kane*》》, *L'Avant-Scène, Cinéma* n° 11, 1962년 1월 15일자.
　잡지의 원칙에 따라 데쿠파주에 의거하여 완역. 불행하게도 이번 호는 평상시와 달리 원고 모집에 빈약함을 보이고 있다. 오슨 웰스의 연출 방식의 이해에 중점을 두고 있지 않다. 사실적인 오류(시사뉴스 영화에서 *March of Time*과 *News on the March*의 혼동)와 번역(시사뉴스 영화 잡지와 관계가 있는 것임에 반해 '우리는 삽화 위주의 잡지를 훑어본다'는 의미가 '우리는 삽화 위주의 잡지사에서 일한다'가 된다).

Ciment(Michel), 〈'케인' 주변의 소란 Ouragan autour de 'Kane'〉, *Positif* n° 167, 1975년 3월호. *Les Conquérants d'un nouveau monde, essais sur le cinéma américain*(éd. Gamllimard, Idées n° 450, Paris 1981)에 재수록.
　폴린 카엘의 논문에 대한 탁월한 반론.

■ 영화 분석
Gottesman(Ronald) (sous la direction de), *Focus on 《Citizen Kane》*, Prentice-Hall, Englewood Cliffs, New Jersey, 1971.
　Marie(Michel), 〈시퀀스/영화 La Séquence/le film〉-Popars(Marie-Claire): 〈서술과 의미 Narration et signification〉, *Le cinéma américain, analyses de films*, sous la direction de Raymond Bellour, tome 2, Paris, éd. Flammarion, 1980.

■ 선별 논문
Sartre(Jean-Paul), 〈할리우드가 《시민 케인》을 생각하게 만들고 싶을 때 Quand Hollywood veut faire penser, *Citizen Kane*〉, *L'Écran français*, 1945년 8월 1일자.

Borgès(Jorge Luis), 〈시민 케인 Citizen Kane〉, *Sur* n° 83, Buenos Aires, 1945(*Positif* n° 58, 1964년 2월호에 재수록).

Leenhardt(Roger), 〈《시민 케인 *Citizen Kane*》〉, *L'Ecran français*, 1946년 7월 3일자.

Doniol-Valcroze(Jacques), 〈탁월한 창의력의 승리 Le triomphe d'une bonne invention〉, *La Revue du cinéma*, 1946년 12월호.

Bazin(André), 〈영화 예술의 새로운 시대 Un nouveau temps de l'art cinématographique〉, *L'Écran français*, 1958년 1월 20일자.

Domarch(Jean), 〈아메리카 America〉, *Cahiers du cinéma*, 1959년 11월호.

Aragon(Louis), 〈《시민 케인 *Citizen Kane*》〉, *Les Lettres françaises*, 1959년 11월 26일자.

Coursodon(Jean-Pierre), 〈《시민 케인 *Citizen Kane*》〉, Cinéma 60, 1960년 2월호.

Truffaut(François), 〈《시민 케인 *Citizen Kane*》〉, *L'Express*, 1959년 11월 26일자.

Stroheim(Eric von), 〈《시민 케인 *Citizen Kane*》〉, *Positif* 1968년 3월호.

# 오슨 웰스론

■ 책

Fowler(Roy Alexander), *Orson Welles: A First Biography*, Pendulum Publications, 대중 영화 시리즈, London, 1946.

Bazin(André), *Orson Welles*, Jean Cocteau의 서문, éd. Chavanne, Le cinéma en marche, Paris, 1950.

Noble(Peter), *The Fabulous Orson Welles*, Hutchinson and Co, London, 1956. *Orson Welles le Magnifique*(éd.Pierre Horay, Paris, 1961)라는 제목으로 부분 번역.

Bogdanovitch(Peter), *The Cinema of Orson Welles*, Film Library of the Museum of Modern Art, New York, 1961.

Bessy(Maurice), *Orson Welles*, Seghers, Cinéma d'aujourd'hui, n° 6, Paris, 1963.

Cowie(Peter), *The Cinema of Orson Welles*, A.S. Barnes, New York, 1965.

Higham(Charles), *The films of Orson Welles*, University of California Press, Berkeley, 1970.

Bazin(André), *Orson Welles*, André S. Labarthe의 서문, éd. du Cerf, 〈Séptième art〉 n° 56, Paris, 1972. Ramsay-Poche-cinéma, n° 5, Paris, 1985 재판.

McBride(Joseph), *Orson Welles*(Viking, New York, Secker and Warburg, Cinéma One n° 19, London, 1972). *Orson Welles*(Rivages/Cinéma, n° 3, Paris, 1985)라는 제목으로 번역.

Noremore(James), *The Magic World of Orson Welles*, Oxford University Press, New York, 1978.

Bessy(Maurice), *Orson Welles*, éd. Pygmalion-Gérard Waterlet, Paris, 1982.

Parra(Danièle), Zimmer(Jacques), *Orson Welles*, Edilig, Filmo n° 13, Paris, 1985.

Leaming(Barbara), *Orson Welles, A Biography*, Viking, New York, 1985. *Orson Welles*(éd. Mazarine, Biographie, Paris, 1986)라는 제목으로 번역. Ramsay-Poche-cinéma, n° 73, Paris, 1989 재판.

Baron(Anne-Marie), *Orson Welles*, ⟨Grand Ecran⟩, Paris, éd. Pac 1986.

총서 *Orson Welles*, Les Éditions de l'Étoile-Cahiers du cinéma, Paris, 1986.

### ■ 잡지

*Ciné-club*, n° 7, 1948년 5월호.

*Cahiers du cinéma*, n° 87, 1958년 9월호.

*Image et Son*, n° 139, 1961년 3월호.

*Premier Plan*, n° 16, Lyon, 1961.

*Etudes cinématographiques*, n° 24-25, 1963.

*Avant-Scène Cinéma*(슬라이드 120장 세트), 1970.

*Positif*, n° 167, 1975년 3월호. 아브르 문화의 집의 회고 특집 카탈로그, 1982.

*Cahiers du cinéma*, 호외 특집호, n° 12, 1982.

*Positif*, n° 332, 1988년 10월호(프랑수아 토마스(François Thomas)에 의해 고증된 오슨 웰스의 라디오 방송 작품에 관한 연구).


## 프랑스어로 된 오슨 웰스론


*Les Truquages au cinéma*에 붙은 Maurice Bessy의 서문(Prisma, Paris, 1951).

*Miracle à Hollywood suivi de A bon entendeur*, théâtre, éd. La Table ronde, Paris, 1952.

*Une grosse légume*, roman, éd. Gallimard, ⟨L'Air du temps⟩, Paris, 1953.

*Monsieur Arkadin*, roman, éd. Gallimard, ⟨L'Air du temps⟩, Paris, 1954.

*A bon entendeur*, essai, éd. Plon, Paris, 1956.

⟨나는 세계 영화를 위해 난쟁이 세계에서 거인처럼 싸운다 Je combats comme un géant dans un monde de nains pour le cinéma universel⟩, *Arts*, 1954년 8월 25일자.

⟨꿈의 리본 Un ruban de rêve⟩, *Bulletin du festival de Cannes*, 1958년 5월 16일자(*Arts* 1958년 6월 4일자와 *L'Express* 1958년 6월 5일자에 재수록).

*Feu sur un critique*(1958년 5월 24일에 런던의 New Stateman의 문예란에 번역 소개), *Cinéma 58*, n° 29, 1958년 7-8월호.

*La Toison d'or. Une aventure d'Harry Lime*, éd. Futuropolis, 1984.

# 색 인

### ■ 작품명

이용주
성균관대학교 대학원 졸업(문학박사)
프랑스 파리3대학 박사 과정(D.E.A.)
현재 국민대학교 공연예술학부(연극영화)
배재대학교 공연영상학부, 서원대학교 공연예술학부에서 강의
저서:《소설과 신화》《로베르 브레송》(공저)
《프랑스 문화와 예술》(공저)
역서:《시학》《영화미학》《상상력을 자극하는 110가지 개념》
《고독한 글쓰기》《인간의 시간》 외

문예신서
3103

《시민 케인》 비평 연구

초판발행 : 2004년 10월 30일

東 文 選
제10-64호, 78. 12. 16 등록
110-300 서울 종로구 관훈동 74
전화 : 737-2795

편집설계 : 朴 月, 李妌륫

ISBN 89-8038-819-5 94680
ISBN 89-8038-000-3 (세트/문예신서)

【東文選 現代新書】

| 1 21세기를 위한 새로운 엘리트 | FORESEEN 연구소 / 김경현 | 7,000원 |
|---|---|---|
| 2 의지, 의무, 자유 — 주제별 논술 | L. 밀러 / 이대희 | 6,000원 |
| 3 사유의 패배 | A. 핑켈크로트 / 주태환 | 7,000원 |
| 4 문학이론 | J. 컬러 / 이은경 · 임옥희 | 7,000원 |
| 5 불교란 무엇인가 | D. 키언 / 고길환 | 6,000원 |
| 6 유대교란 무엇인가 | N. 솔로몬 / 최창모 | 6,000원 |
| 7 20세기 프랑스철학 | E. 매슈스 / 김종갑 | 8,000원 |
| 8 강의에 대한 강의 | P. 부르디외 / 현택수 | 6,000원 |
| 9 텔레비전에 대하여 | P. 부르디외 / 현택수 | 7,000원 |
| 10 고고학이란 무엇인가 | P. 반 / 박범수 | 8,000원 |
| 11 우리는 무엇을 아는가 | T. 나겔 / 오영미 | 5,000원 |
| 12 에쁘롱 — 니체의 문체들 | J. 데리다 / 김다은 | 7,000원 |
| 13 히스테리 사례분석 | S. 프로이트 / 태혜숙 | 7,000원 |
| 14 사랑의 지혜 | A. 핑켈크로트 / 권유현 | 6,000원 |
| 15 일반미학 | R. 카이와 / 이경자 | 6,000원 |
| 16 본다는 것의 의미 | J. 버거 / 박범수 | 10,000원 |
| 17 일본영화사 | M. 테시에 / 최은미 | 7,000원 |
| 18 청소년을 위한 철학교실 | A. 자카르 / 장혜영 | 7,000원 |
| 19 미술사학 입문 | M. 포인턴 / 박범수 | 8,000원 |
| 20 클래식 | M. 비어드 · J. 헨더슨 / 박범수 | 6,000원 |
| 21 정치란 무엇인가 | K. 미노그 / 이정철 | 6,000원 |
| 22 이미지의 폭력 | O. 몽젱 / 이은민 | 8,000원 |
| 23 청소년을 위한 경제학교실 | J. C. 드루엥 / 조은미 | 6,000원 |
| 24 순진함의 유혹〔메디시스賞 수상작〕 | P. 브뤼크네르 / 김웅권 | 9,000원 |
| 25 청소년을 위한 이야기 경제학 | A. 푸르상 / 이은민 | 8,000원 |
| 26 부르디외 사회학 입문 | P. 보네위츠 / 문경자 | 7,000원 |
| 27 돈은 하늘에서 떨어지지 않는다 | K. 아른트 / 유영미 | 6,000원 |
| 28 상상력의 세계사 | R. 보이아 / 김웅권 | 9,000원 |
| 29 지식을 교환하는 새로운 기술 | A. 벵토릴라 外 / 김혜경 | 6,000원 |
| 30 니체 읽기 | R. 비어즈워스 / 김웅권 | 6,000원 |
| 31 노동, 교환, 기술 — 주제별 논술 | B. 데코사 / 신은영 | 6,000원 |
| 32 미국만들기 | R. 로티 / 임옥희 | 10,000원 |
| 33 연극의 이해 | A. 쿠프리 / 장혜영 | 8,000원 |
| 34 라틴문학의 이해 | J. 가야르 / 김교신 | 8,000원 |
| 35 여성적 가치의 선택 | FORESEEN연구소 / 문신원 | 7,000원 |
| 36 동양과 서양 사이 | L. 이리가라이 / 이은민 | 7,000원 |
| 37 영화와 문학 | R. 리처드슨 / 이형식 | 8,000원 |
| 38 분류하기의 유혹 — 생각하기와 조직하기 | G. 비뇨 / 임기대 | 7,000원 |
| 39 사실주의 문학의 이해 | G. 라루 / 조성애 | 8,000원 |
| 40 윤리학 — 악에 대한 의식에 관하여 | A. 바디우 / 이종영 | 7,000원 |
| 41 흙과 재〔소설〕 | A. 라히미 / 김주경 | 6,000원 |

| | | |
|---|---|---:|
| 29 朝鮮解語花史 (조선기생사) | 李能和 / 李在崑 | 25,000원 |
| 30 조선창극사 | 鄭魯湜 | 17,000원 |
| 31 동양회화미학 | 崔炳植 | 18,000원 |
| 32 性과 결혼의 민족학 | 和田正平 / 沈雨晟 | 9,000원 |
| 33 農漁俗談辭典 | 宋在璇 | 12,000원 |
| 34 朝鮮의 鬼神 | 村山智順 / 金禧慶 | 12,000원 |
| 35 道敎와 中國文化 | 葛兆光 / 沈揆昊 | 15,000원 |
| 36 禪宗과 中國文化 | 葛兆光 / 鄭相泓・任炳權 | 8,000원 |
| 37 오페라의 역사 | L. 오레이 / 류연희 | 절판 |
| 38 인도종교미술 | A. 무케르지 / 崔炳植 | 14,000원 |
| 39 힌두교의 그림언어 | 안넬리제 外 / 全在星 | 9,000원 |
| 40 중국고대사회 | 許進雄 / 洪 熹 | 30,000원 |
| 41 중국문화개론 | 李宗桂 / 李宰碩 | 23,000원 |
| 42 龍鳳文化源流 | 王大有 / 林東錫 | 25,000원 |
| 43 甲骨學通論 | 王宇信 / 李宰碩 | 40,000원 |
| 44 朝鮮巫俗考 | 李能和 / 李在崑 | 20,000원 |
| 45 미술과 페미니즘 | N. 부루드 外 / 扈承喜 | 9,000원 |
| 46 아프리카미술 | P. 윌레뜨 / 崔炳植 | 절판 |
| 47 美의 歷程 | 李澤厚 / 尹壽榮 | 28,000원 |
| 48 曼茶羅의 神들 | 立川武藏 / 金龜山 | 19,000원 |
| 49 朝鮮歲時記 | 洪錫謨 外/李錫浩 | 30,000원 |
| 50 하 상 | 蘇曉康 外 / 洪 熹 | 절판 |
| 51 武藝圖譜通志 實技解題 | 正 祖 / 沈雨晟・金光錫 | 15,000원 |
| 52 古文字學첫걸음 | 李學勤 / 河永三 | 14,000원 |
| 53 體育美學 | 胡小明 / 閔永淑 | 10,000원 |
| 54 아시아 美術의 再發見 | 崔炳植 | 9,000원 |
| 55 曆과 占의 科學 | 永田久 / 沈雨晟 | 8,000원 |
| 56 中國小學史 | 胡奇光 / 李宰碩 | 20,000원 |
| 57 中國甲骨學史 | 吳浩坤 外 / 梁東淑 | 35,000원 |
| 58 꿈의 철학 | 劉文英 / 河永三 | 22,000원 |
| 59 女神들의 인도 | 立川武藏 / 金龜山 | 19,000원 |
| 60 性의 역사 | J. L. 플랑드렝 / 편집부 | 18,000원 |
| 61 쉬르섹슈얼리티 | W. 챠드윅 / 편집부 | 10,000원 |
| 62 여성속담사전 | 宋在璇 | 18,000원 |
| 63 박재서희곡선 | 朴栽緖 | 10,000원 |
| 64 東北民族源流 | 孫進己 / 林東錫 | 13,000원 |
| 65 朝鮮巫俗의 硏究(상・하) | 赤松智城・秋葉隆 / 沈雨晟 | 28,000원 |
| 66 中國文學 속의 孤獨感 | 斯波六郎 / 尹壽榮 | 8,000원 |
| 67 한국사회주의 연극운동사 | 李康列 | 8,000원 |
| 68 스포츠인류학 | K. 블랑챠드 外 / 박기동 外 | 12,000원 |
| 69 리조복식도감 | 리팔찬 | 20,000원 |
| 70 娼 婦 | A. 꼬르벵 / 李宗旼 | 22,000원 |

- ■ 어린이 수묵화의 첫걸음(전6권)　趙 陽 / 편집부　　　　　　　　각권 5,000원
- ■ 오늘 다 못다한 말은　이외수 편　　　　　　　　7,000원
- ■ 오블라디 오블라다, 인생은 브래지어 위를 흐른다　무라카미 하루키 / 김난주　7,000원
- ■ 이젠 다시 유혹하지 않으련다　P. 쌍소 / 서민원　　　　9,000원
- ■ 인생은 앞유리를 통해서 보라　B. 바게트 / 박해순　　　5,000원
- ■ 자기를 다스리는 지혜　한인숙 편저　　　　　　10,000원
- ■ 천연기념물이 된 바보　최병식　　　　　　　　7,800원
- ■ 原本 武藝圖譜通志　正祖 命撰　　　　　　　　60,000원
- ■ 테오의 여행 (전5권)　C. 클레망 / 양영란　　　　각권 6,000원
- ■ 한글 설원 (상·중·하)　임동석 옮김　　　　　각권 7,000원
- ■ 한글 안자춘추　임동석 옮김　　　　　　　　8,000원
- ■ 한글 수신기 (상·하)　임동석 옮김　　　　　각권 8,000원

## 【이외수 작품집】
- ■ 겨울나기　창작소설　　　　　　　　　　　7,000원
- ■ 그대에게 던지는 사랑의 그물　에세이　　　　8,000원
- ■ 그리움도 화석이 된다　시화집　　　　　　6,000원
- ■ 꿈꾸는 식물　장편소설　　　　　　　　　7,000원
- ■ 내 잠 속에 비 내리는데　에세이　　　　　7,000원
- ■ 들 개　장편소설　　　　　　　　　　　　7,000원
- ■ 말더듬이의 겨울수첩　에스프리모음집　　　7,000원
- ■ 벽오금학도　장편소설　　　　　　　　　　7,000원
- ■ 장수하늘소　창작소설　　　　　　　　　　7,000원
- ■ 칼　장편소설　　　　　　　　　　　　　　7,000원
- ■ 풀꽃 술잔 나비　서정시집　　　　　　　　6,000원
- ■ 황금비늘 (1·2)　장편소설　　　　　　　각권 7,000원

## 【조병화 작품집】
- ■ 공존의 이유　제11시점　　　　　　　　　5,000원
- ■ 그리운 사람이 있다는 것은　제45시집　　　5,000원
- ■ 길　애송시모음집　　　　　　　　　　　10,000원
- ■ 개구리의 명상　제40시집　　　　　　　　3,000원
- ■ 그리움　애송시화집　　　　　　　　　　7,000원
- ■ 꿈　고희기념자선시집　　　　　　　　　10,000원
- ■ 따뜻한 슬픔　제49시집　　　　　　　　　5,000원
- ■ 버리고 싶은 유산　제1시집　　　　　　　3,000원
- ■ 사랑의 노숙　애송시집　　　　　　　　　4,000원
- ■ 사랑의 여백　애송시화집　　　　　　　　5,000원
- ■ 사랑이 가기 전에　제5시집　　　　　　　4,000원
- ■ 남은 세월의 이삭　제52시집　　　　　　　6,000원
- ■ 시와 그림　애장본시화집　　　　　　　　30,000원
- ■ 아내의 방　제44시집　　　　　　　　　　4,000원